自分の価値を最大化する武器としての勉強術

結局、人生はアウトプットで決まる

中島 聡
Satoshi Nakajima

実務教育出版

未来を予測する最良の方法は、それを発明することだ。

アラン・ケイ（パーソナル・コンピューターの生みの親）

はじめに

この本は、「読む」「聞く」「体験する」ことによるインプットと、「書く」「話す」「行動する」ことによるアウトプットを繰り返すことで、近い将来やってくる「ＡＩ（人工知能）が人間の仕事を奪う大量失業時代」に、ＡＩに負けない自分の価値をつくる本です。

私は今まで、35年以上にわたりソフトウェアエンジニアとして活動する一方、15年ほど前からブログや講演による、ネットとリアル両方でのアウトプットを積極的に行ってきました。

そのおかげで、今では「ウィンドウズ95を作った日本人」として知られるようになり、本業（ソフトウェア事業）にも大いに役立っているし、講演や書籍の執筆を頼まれることも頻繁にあります。

通常、私のような技術者は、中島みゆきさんの「地上の星」で歌われる人々のように、どんなに良い仕事をしても、会社の外の人に知られるようになったり、メディアに登場することはありません。

実際、私がマイクロソフトでソフトウェア・アーキテクト（ソフトウェアの基本設計担当者）として活躍していたのは90年代ですが、当時、私の仕事について知っていた人は、一緒に仕事をしていた連中だけです。

私の仕事が多くの人に知られるようになったのは、数年後の2004年のこと。きっかけは、一つのブログ記事でした。

当時、ブログを書いている人はまだ少なかったのですが、たまたま知り合いにブログをすすめられた私は、日本に一時帰国していた家族に向けた「家族通信」くらいのつもりで、ブログを書いていました。

ある日、プログラミングのことが書きたくなり「日本語とオブジェクト指向」というタイトルの記事を書いたら、それがエンジニアたちの間で大評判になってしまったのです。

ソフトウェアの世界に「オブジェクト指向」という考え方があるのですが、それをわかりやすく説明したのが、エンジニアたちの目に止まったのでした（http://satoshi.blogs.com/life/2004/09/post.html）。

そして、その記事の中に、私がマイクロソフトでウィンドウズ95に開発者として関わっていたことを書いていたため、結果として、私の当時の仕事を世の中に知らしめることになったのです。

その頃、エンジニアたちの間では、はてなブックマークというSNSサービスが流行っており、そこで「人気エントリー」に入ると、大勢の人に読んでもらえるようになっていたのですが、私の「日本語とオブジェクト指向」というブログ記事が、そこに入ったのです。

その後、私はしばらくの間、はてなブックマークを意識してブログを書いて遊んでいました。「どんなタイトルをつければ読んでもらえるのか」「どんな内容の記事を書けば多くの人に喜んでもらえるのか」を学んだのはこの頃です。

マイクロソフト時代の自分の仕事を知ってもらおうと、あえてＮＨＫの「プロジェクトＸ」を意識して書いたのが「Windows95と地上の星」というエントリーです（http://satoshi.blogs.com/life/2006/04/windows95.html）。

これも「日本語とオブジェクト指向」と同じく、エンジニアたちの間で評判になり、数多くの人に読んでもらうことができました。

重要なのは、その当時に書いた大量のブログ記事が、今では私の履歴書代わりになっているという点です。ソフトウェア業界の人であれば、ほとんどの人が私の名前を知っています。さらに、私のブログ記事を読んだことがあれば、初対面であっても、それが共通の話題になり、すぐに打ち解けることができるのです。

私にとってはまったく予想外の結果になりましたが、このブログの存在が、私がビジネスをする上での強力な武器になっています。実際、日本でビジネスを立ち上げる際には、リクルーティングの道具として、大いに活用させてもらいました。

また、ブログを書き続けるために、以前よりもはるかに多く、それも頻繁に勉強もするようになりました。単に自分が知っていることだけを書いても、すぐに飽きられてしまいます。常に新しい知識を吸収し、それを自分なりに消化し、独自の解釈を加えてこそ、読む人にとって価値のある記事を書けるのです。

つまり、ブログというアウトプットを持つことが、私にとっての最高のマーケティングツールでもあり、勉強術にもなっているのです。今はそれが本業に近いものになり、有料メルマガ「週刊Life is beautiful」を毎週発行しているし、こうやって本も書くことができています。

あの時、ブログを書いていなければ、名もない「地上の星」にすぎなかった私が、ブログというアウトプットの道具を持つことにより、メルマガで稼ぎ、ベストセラー作家になることすらできてしまったのです。

本書のタイトルは、大げさでも何でもありません。

「仕事消滅時代」と言われる現在、人はますます一人では生きていけなくなります。人と人を結びつけるもの、それは仕事でもお金でもなく、「さまざまなアウトプットを通して作られる信頼関係」なのです。

今、会社を離れた場所で自分を高める場としてさかんに言われているオンラインサロンなどの「コミュニティ」も、有志によるアウトプットの交換の積み重ねから生まれる信頼関係で成り立っているのです。

日々の仕事に追われているうちに、ＡＩに職を奪われ、寂しく人生を終えるのか。

インプットをアウトプットにつなげて仲間を得て、人間らしい生き方を謳歌するのか。

文字通り、「あなたのこれからの人生は、アウトプットの有無で決まる」のです。

人生は、あなたが考えているよりずっと短い。

そして何より、人生は、たった一度きりなのですから。

中島聡

はじめに——002

chapter 1

結局、アウトプットが最強の武器である

さあ、本当のアウトプットを始めよう——014
アウトプットの継続が、あなたをブランドにする——018
ブログをやるなら、実名をさらせ——026
人生は、あなたが思う以上に短い——028
アウトプットにリスクなんてない——032
日本人のアウトプットに圧倒的に足りない2つの要素——036
高速で回る大縄跳びに入るには——041
根っからの作文嫌いだった私が、書くことに夢中になれた理由——044
ハマれることを見つけ、夢中になろう。それが熱を生む——050

chapter 2

すべては「書く」ことから始まる

私の文体を劇的に変えた3冊の本 — 056
ステップ1　「テーマ」を決める — 059
あなたにとっての「イースト菌」は何か — 061
「100歳まで子どものまま」が最強 — 065
あなたにも必ず「永遠」のキャッチコピーがある — 069
自分では気づかない「好きなこと」の見つけ方 — 073
書くことが思い浮かばなければ、心の声に耳をすまそう — 082
ステップ2　「読者」を決める — 086
ステップ3　「書く場所」を決める — 095
読者がほしいのは名文じゃなく「明文」だ — 103
結局、アウトプットが最強の情報収集である — 109
アウトプットは仮説でOK — 120
インプットの極意は「当事者意識」にあり — 130
インプットは好奇心が命。ふだん自分がしないことをする — 139
段落は、読者への「愛」である — 146
常に正しい情報リテラシーを持ち続けるために — 151

chapter 3

「書く」を深めて自分をプロデュースする

メディアの構成は「東洋経済オンライン」に学べ —— 158
私の初期のブログからわかること —— 163
アウトプット実践編。200字で解説してみよう —— 169
中島式超・文体修行 —— 174
ビジネスメールや文書はこう書く —— 182

chapter 4

「話す」アウトプットで相手を一気にファンにする

私の考える「良い会話」とは —— 190
初対面の話題に天気はいらない —— 195

人に話すことが最高のインプットになる——198
興味のある分野が同じ人との対話が思考のイノベーションを生む——206

chapter 5

「話す」を深めて自分の価値を最大化する

世界的企業のCEOはアウトプットも超一流——214
聡くん、ユーチューバーになる——221
文章でも動画でも、伝え方の本質は同じだった——227
プレゼンと講演の良し悪しは「おみやげ」の質で決まる——235
プレゼンの主役はスライドではない。あなた自身だ——239
すべてのプレゼンターは「プロフェッショナル」たれ——242
私が人前で話すときに注意していること——246
最高のプレゼン資料の作り方——250
改めて、「良いプレゼン」とは——256

ジョブズはなぜ、プレゼンの神であり続けるのか――259
中島式「ツカミ」の技術――265
つまるところ、プレゼンとはジャズである――272

chapter 6

みんなが一番知りたい「続ける」技術

アウトプットが続く人、続かない人の違い――278
自分で自分のプロデューサーになる――282
ファンとの交流が継続の最高のモチベーション――285
「いいね！」は人のためならず――288
炎上との正しいつき合い方――291
「面の皮」は厚いに越したことはない――296

あとがき――300

chapter 1

結局、アウトプットが最強の武器である

さあ、本当のアウトプットを始めよう

「アウトプット」と聞いて、あなたはどんな内容の発信を思い浮かべるでしょうか。

まず注意してほしいのが、アウトプットには「アウトプットもどき」があるということです。自分では必死にアウトプットしているつもりでも、残念ながら本当の意味でアウトプットになっていない人が多いのです。

アウトプットもどきとは、たとえば、単にネットから集めて来た情報をそのままアウトプットしたり、その事象や上部の感想だけを捉えた「浅い意見」を加えたりすること。ここにあなたの付加価値は存在していません。

自分の食べたものの感想をただ書き並べただけのブログ、日々のストレスを同僚たちと居酒屋で愚痴るように吐き出したツイッターなどは、厳しい言い方をすると単なる「言葉のゴミ」です。本当のアウトプットとは言えません。

アウトプットをする際に特に大切なことは、インプットの時にできるだけ生の情報を直接受け取ること。この場合の生の情報とは、一次情報のこと。自分から生の情報に触れ、それに基づいた自分なりの解釈をする。このプロセスを繰り返すことが、「物事の本質」に近づく一番の方法だし、あるべきアウトプットの姿なのです。

たとえば、アマゾンの戦略について発信したければ、書店にあふれるアマゾン関連のビジネス書を読むのではなく、まずはアマゾンCEOのジェフ・ベゾス自身の言葉に耳を傾けるべきだと思います。ベゾスの場合、数多くのインタビューに出ているし、毎年株主向けのメモも書いています。彼の考え方を知るには絶好の一次情報です。

同様に、ビットコインや暗号通貨についてアウトプットしたければ、Satoshi Nakamotoの論文を読むべきです。そこに答えが書いてあるからです。

この手の一次情報に直接触れず、ビジネス書やネット記事から得た二次情報だけに頼っていると、どこかで「薄っぺらさ」が透けて見えてしまいます。

もちろん、最初の頃は、浅い知識しかアウトプットできなくても仕方ありません。しかし、このプロセスを続けていると(くわしくは後ほどお話しします)、しだいに物事やニュースの「流れ」や「つながり」が見えてきます。それが「より深い理解」につながり、結果として、自分視点からのアウトプットにつながります。これはAIにはできないことです。AIは記憶力とパターン認識だけは上手ですが、本当の意味での「理解」は不得意なので、そこにこそ人間独自の能力を発揮する余地があるのです。

まがい物のアウトプットを続けていても、AIの実力を前にすると、足元にも及ばなくなるでしょう。たとえば、少し前に「AI記者」が話題になったのをご存じでしょうか。これは、SNS上にアップされた事件や事故、災害などの情報をもとに、自動的にニュース記事を作成する技術です。5W1Hの「いつ(When)」、「どこで(Where)」、「何が(What)」、「どの程度か(How)」をSNSの投稿から解析し、一つの記事としてまとめようとするもので、SNS速報サービスの「スペクティ」が特許を取得しています。

また、2018年に甲子園で行われた第100回全国高等学校野球選手権大会でも、AI記者が活用されていました。これは朝日新聞社の取り組みですが、記者は通常、「戦評」という、スコアブックなどから勝敗を分けたポイントを分析し、試合終了とともにデスクへ送っているようです。しかし、「おーとりぃ」というAI記者なら、その分析を終えるのに、ものの1秒もかからないというのです。

これは、あらかじめ原稿が用意されている、いわゆるストレートニュースにおけるアウトプットですが、**速報性や素早いデータ分析をもとにした記事を書くという分野は、すでにAIに代替されようとしていますし、人間がまともに戦って勝てる分野ではありません。**しかし、たとえば、私がメルマガで行っているような、1つのニュースをさまざまな角度や時系列をもとにして分析していく記事は、AIには不得手な部分。AIが発達し、シンギュラリティの時代が訪れても、今後もその需要は衰えることはないでしょう。

だからこそ、これから求められるアウトプットは、「情報に自分なりの解釈を加え、わかりやすく伝えること」なのです。それを自分に課すことで、本質を理解するためにより深い学びをしようと努力するからです。**そして、アウトプットを続けることで、その人の**

存在感が増し、パーソナルブランド、つまり個人の信用という何ものにも変えがたい価値につながることをぜひ覚えておいてください。それが将来、転職したり、起業して資金を集めたりする際に、大きな武器になります。

これこそが、私がこの一冊を通してみなさんにお伝えしたい〝真のアウトプットの姿〟です。とはいえ、まだまだ概要の部分ですので、アウトプットとは何なのか、なぜあなたがアウトプットをすべきなのか、次項以降からくわしく触れていきましょう。

アウトプットの継続が、あなたをブランドにする

「中島さんのように名前が知られるようになると、得することがいっぱいあると思います

が、特に有名になって良かったと思うことはなんですか?」と聞かれることがあります。

これはとても良い質問だと思ったので、前項でも触れた〝パーソナルブランディング〟という観点から考察してみたいと思います。

パーソナルブランディング(もしくは、パーソナルマーケティング)とは、通常のマーケティングのように会社や商品を知ってもらうことではなく、個人の名前を知ってもらうことです。**それも単に名前を知ってもらうだけではなく、その人の経験や経歴を反映した上で、多くの人がその人を信頼し、発言に耳を傾けるようになることを意味します。**

たとえば、皆さんご存じのルイ・ヴィトンが、「丈夫で長持ち」というブランドイメージと強く結びついているように、テスラ社CEOのイーロン・マスクは、「不可能なことを可能にしてしまう偉大な起業家」というブランドと強く結びついています。

イーロン・マスクが経営するテスラ社ですが、現在の時点で大赤字を垂れ流しているにも関わらず、株高を維持し、資金調達し続けることができているのも、彼のブランド力が重要な役割を果たしているからなのです。もしもイーロン・マスクが無名の人物だったとしたら、まったく同じ行動や発言をしたとしても、今のテスラは存在しないでしょう。

アップルのiPhoneがあれほどの成功を収めたのも、「スティーブ・ジョブズ」というブランドが重要な役割を果たしていたことを見逃してはいけません。ジョブズの熱狂的なファンが数多くいたからこそ、アップルはiPhoneのビジネスを一気に軌道に乗せ、他社が簡単には追いつけないだけのシェアを握ることができたのです。

これは、カリスマ性を持つリーダーのいない、ソニーやサムソンにはできない芸当です。


日本の企業の中にも、パーソナルブランディングを上手に使っている企業があります。それが任天堂で、「スーパーマリオ」や「ゼルダの伝説」などの名作を手がけた宮本茂さんを「スーパークリエーター」としてブランディングし、彼の熱狂的なファンを世界中に何百万人も作ることに成功したのです。

そういう意味では、ソニーも世界を席巻した「ウォークマン」の生みの親は大賀典雄さんだったし、現在も世界中で愛される「プレイステーション」の生みの親は久夛良木健さんです。彼らの名前は世界でも知られているので、その頃までのソニーは、パーソナルブランディングをうまく活用できていたと言えるでしょう。しかし、技術畑の人間ではない出井伸之さんがCEOになってからというもの、製品名に作り手の個人名が紐づくことはなくなってしまいました。

パーソナルブランディングには、もちろん実績が必須ですが、だからといって、どんなに大きな仕事をしたとしても、その人の名前が自動的に有名になるとは限りません。

典型的な例が、トヨタのレクサスです。高級車ブランドとしては素晴らしい地位を占めています。**アメリカでもそのブランドは広く認知されていますが、一方で、「レクサスの生みの親」については、まったくと言っていいほど知られていません。**

「レクサスはチーム力の賜物だ」と反論する人もいるでしょうが、それはiPhoneも同じです。決してジョブズ一人で作ったわけではないのです。しかし、アップルはジョブズというカリスマ性を持つリーダーを巧みに利用し、あたかもジョブズがiPhoneの生みの親であるかのような演出をすることにより、「アップル」「iPhone」「スティーブ・ジョブズ」という3つのブランド力を同時に高め、iPhoneの大成功に結びつけたのです。

パーソナルブランディングが素晴らしいのは、コーポレート・ブランディング（企業ブランディング）よりも広告の費用対効果が高いことにあります。「アップル」「iPhone」「スティーブ・ジョブズ」という3つのブランド力が最高潮に高まっていたスティーブ・ジョブズの時代のアップルは、マイクロソフトに比べ、はるかに低いマーケティング予算で何倍もの効果をあげていたことが知られています。

せっかく良い仕事をしていても、誰にも知られていない人（いわゆる「地上の星」）はたくさんいます。いくら実績は素晴らしくても、残念ながら彼らのパーソナルブランドが高いとは言えません。

何が違いを分けるのかというと、要は大衆に向けてアウトプットすることなのです。言い方を変えれば、アウトプットしていないとどれだけいいものを作っても、やがては埋もれてしまうのです。私は、たまたま良いタイミングでブログを書いていたために、知名度が上がりました。「はてなブックマークをできるだけ多く集める」という私だけの遊びが、期せずして私のパーソナルブランドを上げるという意味で効果的だったのです。

タイミング良くウィンドウズ95のソフトウェアアーキテクトというポジションにつくことができた上に、アメリカでも起業経験があるため、「世界で活躍するソフトウェア・エンジニア」というイメージが強く結びつくことになりました。

そのおかげで、さまざまなカンファレンスにスピーカーとして招待されるし、実際のビジネスの場でも、私が顔を見せるだけで商談がうまく進むことがよくあります。有料メルマガに数多くの読者を集めることができたのも、私の名前にブランド力があったからと言えるでしょう。マイクロソフトを退社してからしばらくして設立した「UIEvolution」という会社は、一度スクウェア・エニックスに買収され、その後、MBO（Management Buyout）することになったのですが、この際の資金集めにも、私自身のブランド力が多いに役立ちました。

こうやって、私は業界でも名の通る存在となりました。**「マイクロソフトでウィンドウズ95を作ったから有名」と思われていますが、実はそうではありません。私はウィンドウズ95を作った実績があるとともに、ブログで発信をしていたからこそ、今の立場を手に入**

れることができているのです。

一方で、ソニーの大賀さん率いるウォークマンチームのもとで奮闘していたエンジニアは、何人もいるはずです。彼らにも十分な実績がありますが、そのほとんどが世間から認知されていません。もしあの時代にインターネットという手軽なツールが存在していて、私のようにアウトプットしていたら、彼らも一定の知名度を得ていたはずです。講演の依頼が来たり、他社からヘッドハンティングを受けていたかもしれません。

彼らは手軽なツールがなかったために、アウトプットしたくてもできなかったとも言えます。その点、私は恵まれていました。プロジェクトに関わるのと機を同じくして、「アウトプットの時代」が到来したからです。それは、あなたも同じ。いや、私がブログを始めた頃以上にアウトプットしやすくなっています。つまり、昔は地上の星にならざるをえなかった裏方のスタッフたちも、夜空でキラキラと輝ける時代になったということ。

しかし、自分から発信しないと誰も気づいてくれません。アウトプットしやすくなったのは、他の周りも同じですから、積極的に主張していかないと埋もれてしまいます。

知る人ぞ知る地上の星になるのか、夜空で輝く星になるのか。その明暗を分けるのはアウトプットの有無なのです。

ソフトウェア開発もそうですが、それに加えてアウトプットすることによって、身の回りの状況が変化し、たくさんの方々と知り合えることができたのは、とてもありがたいことでした。ブログを通じてたくさんのエンジニアとも縁ができましたし、新たなビジネスチャンスにもつながりました。この本を書いているのもそうです。

その意味では、ブログやYouTubeを通じてコンスタントに「発信し続ける」ことは、今の時代、ものすごく重要だと思います。発信することによって学ぶこともたくさんあるし、長期に渡って発信し続けることがボディブローのように効き、あなたのパーソナルブランディングはじわじわと上がっていくのです。

別にブログでも、ツイッターでも、インスタグラムでもいいのですが、アウトプットしてみることで、ある分野で権威を持てるぐらいの位置を目指してみましょう。別にその分野でナンバーワンになる必要はありません。何も、トップだけがパーソナルブランドが高いわけではないからです。

また、アウトプットをしていくそのプロセス自体がものすごく勉強になり、自分の可能性を広げてくれます。**アウトプットをすることで、自分自身が成長していくのです。**このことに気がついていない人が非常に多く、いつも私はもったいないと思っています。

ブログをやるなら、実名をさらせ

発信でいうと、日本はことあるごとにムーブメントが起きています。たとえば、ブログブームやミクシィブーム、携帯小説ブーム、ツイッターのハッシュタグ祭りなどもこれに当てはまるでしょう。「控えめ」などと言われる日本人ですが、何かきっかけがあれば熱狂的に盛り上がる日本人の姿を見ていると、「あながちアウトプットが嫌いではないし、むしろ好きなのではないか」と思えるかもしれません。

誰にでも承認欲求がありますから、決して不思議ではないのですが、それらの多くは、本当のアウトプットとは言えません。なぜなら、とても刹那的で浅いアウトプットでしかなく、「本質を理解する」という意味での勉強にもならないし、パーソナルブランディングの確立にもつながらないからです。

そこで、私がおすすめするのが実名ブログです。実名でアウトプットするからこそ、「ちゃんとしたことを書かなければ」というプレッシャーを自分にかけることができるし、中島聡なら中島聡の、あなたならあなたのパーソナルブランドの確立につながるのです。

日本では匿名のブログが多く存在していますが、私が住むアメリカでは大半が実名です。アメリカには、「偽名でなければ書けないことは、読むに値しない」と受け止められたり、「正々堂々とした意見や主張でないと受け入れられない」といった風潮もあります。

また、アメリカの新聞の投書欄を見ても、みんな実名を明かしています。日本なら「50代男性」といった表記が一般的でしょう。また、日本ではラジオ番組のリクエストコーナーでも、多くの人がラジオネームを使っている印象を受けます。アメリカ人が聞いたら、「なんで曲のリクエストをするのに自分の名前を隠さなきゃいけないんだ?」と思うはずです。

ここで、日本とアメリカの優劣をつけたいわけではありません。私がおすすめするのは断然実名。匿名が悪いとはいいませんが、たとえば私のもとに寄せられる誹謗中傷などは匿名のものばかり。果たして彼らは、実名で同じことを言えるでしょうか。こうやって実名にすることで自分の発言に責任が生まれるのです。

実名を公表すれば、発信する内容も下手なことを書けません。大して調べもせずに闇雲に誰かを批判するようなことも、とたんに減るでしょう。下手なことは書けませんから、アウトプットにも深みが増していきます。最近は匿名の人気ブロガーが本を出版したりセミナーを開いて人気を博すこともあるようですが、やはり実名のほうがパーソナルブランドは上がりやすいでしょう。

人生は、あなたが思う以上に短い

人生は思っているより短いものです。仕事に睡眠、食事や移動などに時間を取られ、自由な時間というのは意外と多くありません。私は仕事や出世、お金のために嫌なことをするほど人生は長くないということを、若いうちから自然と意識していたのかもしれません。

私は、大学院を修了後にNTTへ入社しました。新入社員らしく、やる気に満ちあふれ、「研究員なんだからいろんなことをしなければ！」と、日々燃えていた私は、入社から半年も経たない頃には、新しい特許のアイデアを上司に提出しました。

すると、上司は私の提案書を読みもせずにいきなりボツにしたのです。理由は、「新入社員だから」。「ああ、この会社はダメだな」と思ったのは言うまでもありません。重要なのはアイデアの中身であって、それが新入社員だろうがベテランが考えたものであろうが関係ないはずです。「入社したてのぺーぺーだから特許は取らせない」といった発想がある会社が許せなくなりました。

NTTで働く同僚たちは、修士号か博士号を持っている人ばかりで、闘志や野望に燃える優秀な社員が多くいました。しかし、しばらくするとなぜかみな丸くまとまっていってしまうのです。

当時のNTTは、バブルの真っただ中だったこともあり、株価総額が世界一の超優良企業（国内ではなく、世界のランキングで第1位です）。就職先の人気ランキングでもトップだったので、私が「NTTを辞める」と伝えたときには周囲から猛烈に反対されました。

上司だけでなく、先輩や大学の教授までが入れ替わり立ち替わり「この日本の社会でレールから外れること（＝身分を捨てること）がいかにバカげているか」を説得に来ました。しかも、エリートコースから外れて、転職先が当時はベンチャー企業でしかなかったマイクロソフト。ベンチャー企業で働く人生がいかに厳しいかについてものすごく説得されました。世の中の大人たちから見れば、無謀な行動でしかなかったのです。

しかし、私はNTTを辞めることに関して惜しいと思う気持ちはまったくありませんでした。このままでは井の中の蛙、つまり「海外では通用しないエンジニア」になってしまうことが目に見えていたのです。

NTTに入社する前は、パソコン雑誌出版社の先駆けと言えるアスキーでのアルバイト時代や大学、大学院で好きなことができていたので、自分の時間を無駄にすることは嫌だと強く思い始めたのは、この頃からでした。「人生は短い」という言葉を使い始めたのは、もう少し先のことでしたが、言葉として理解していないだけで、この頃から実質的に感じていたのだと思います。

当時の私（今もですが）は、とにかくやりたいことがありすぎて、時間が足りなかった。しかも、やりたいと思ったらすぐに行動に移したいタイプなので、待たされることはとにかく嫌。アイデアを思いついたら、プロトタイプ（試作品）などでまずは何らかの形になるものを作りたい。自分が本当に好きなことをするために、マイクロソフトへ飛び込んだのです。

「もし今日があなたの人生最後の日だとしたら、今日やる予定のことをあなたは本当にやりたいか？」

これは、スティーブ・ジョブズが、スタンフォード大学で行った卒業祝賀スピーチの一節です。今日死ぬとしても、今やっていることと同じことをやるつもりで生きていく。やや極端な表現ではありますが、自分の中にこの物差しが一つあると、日々の行動や、ひいては人生が変わってくるでしょう。好きなこと、自分が夢中になれることを見つけたほうが、あなたの人生が輝き、あなたの最大の力が出せるわけです。

人生は、退屈なことをやっているほど長くはありません。やりたくもないことをやっている暇はありません。そして、好きなことをやらないともったいない。後悔のない人生を送るためにも、アウトプットしてみることが非常に有効なのです。

アウトプットにリスクなんてない

アウトプットと聞くと、「でも、自分には語れるようなジャンルなんてないし……」と不安になってしまうかもしれません。とはいえ、それはただの杞憂です。どんな人であっても最初は初心者。今はトップレベルの人だって、みんなが「にわか」からスタートしています。そんなことを言っていると、何もできなくなってしまいます。

さらに「初心者」は、それはそれで一つの価値になります。たとえば、テニスなら「経験者によるアウトプット」でないと価値がないイメージがあるかもしれません。読者が「サーブのコツを今すぐに知りたい！」と思っているなら確かにそうですが、初心者のあなたの成長物語がコンテンツになる可能性は大いにあるのです。

テニスの経験がある読者なら、「ああ、そういうミスやっちゃうよね」などと共感してくれるかもしれません。テニスの経験がない人でも、同じ目線から疑似体験することで、面白がってもらえる可能性もあります。

人気マンガに主人公の成長物語が多いのも、読者が主人公と一緒に成長していく感覚を味わえるからでしょう。あなたの成長を見守ってもらうために、プロセスそのものを書くのは初心者のアプローチとしては有効。完成されたものだけがコンテンツではないのです。

発信を続けていると、もしかしたら通りすがりのテニス上級者や専門家がリアクションをくれるかもしれません。コメントやアドバイスをくれる可能性だってあるでしょう。これはテニス初心者に限った話ではなく、あなたが好きなものであれば何でもいいのです。

こんな恵まれた時代にもかかわらず「好きなことで食べていくなんてムリ」「好きだけどアウトプットしても仕方ない」などと言って、自分の興味や隠された才能にフタをし続けるのでしょうか。たった一度の人生なのですから、古い常識や固定観念にとらわれず、もっと冒険しても良いのではないかと私は思います。

リスクなんてたかが知れています。インターネットのおかげで、ブログなりYouTubeなり、発信するためのプラットフォームは基本的に無料で使えます。映像にしても音楽にしても、文章にしても、手持ちのスマホやPCから、無料のアプリやソフトを使えば、ほぼノーコストでアウトプットできます。このように、アウトプットにかかるお金のリスクは、きわめて低くなっていることがわかります。

また、今の仕事を辞める必要もありません。脱サラしてラーメン屋を開業するのとはわけが違います。転職や起業、独立など、いきなり大胆な行動に打って出なくても、アウトプットは日々の仕事と並行して行えます。昼休みや寝る前など、毎日のなかで空いている時間を見つければいいだけ。こう考えると、投資するのは時間だけでいいわけです。

「好きなことを仕事に」とお伝えしてきましたが、お金を稼ぐことがすべてではありません。何度も言うように、業界やその分野、コミュニティのなかで自分のブランド、つまり信用が高まれば、アウトプットとして大成功です。

信用はお金では買えませんが、信用を高めておけば、それが仕事になる方法などいくらでもあります。そもそも、好きなことをやっているのですから、損得勘定抜きで楽しいはずです。

仕事と違って、途中でやめてしまっても誰にも文句は言われません。好きなことが見つかって、ブログのアクセス数が伸びてきたり、一定のファンを獲得するようになったら、次の行動に打って出ればいいのです。こうやってアウトプットしていけば、リスクを抑えたままパーソナルブランドを上げていくことが可能です。

このように、今アウトプットしようと思えば、リスクのないとてもよいアプローチが取れるわけです。スマートな選択ができる今だからこそ、やらないのはすごくもったいない。あなたも、そう思いませんか？

日本人のアウトプットに圧倒的に足りない2つの要素

私は1989年から、約30年間アメリカのシアトルに住んでいます。仕事や講演などのために日本へ帰ってくることも多いのですが、私のように日本とアメリカを頻繁に行き来していると、さまざまな違いや共通点が見えてきます。

中でも際立って異なって感じられるのが、日米の子どもにおけるコミュニケーション能力の違いです。小・中学生くらいまでの子どもたちを見ていると、日米でそれほど差はありません。しかし、高校の2、3年生あたりから、目に見える違いが出てくるのです。

具体的には、アメリカに住む子どもたちの中に、「妙に大人っぽいしゃべり方をする子どもたち」が現れるのです。

彼らに共通するのは、勉強とスポーツの両方ができるいわゆる「文武両道」で、かつ人前で自分の意見を伝えるコミュニケーション力が高い点です。つまり、見るからにリーダーシップがあり、存在感の高い子どもたちです。アメリカではこんなタイプの子どもたちを「タイプA」と呼び、賞賛します。日本では逆に典型的な「出る杭」として、教師に嫌がられるタイプです。

日本でもクラスに一人か二人くらい、そんなタイプの子どもがいます。しかし、そんな子は下手をするといじめられてしまうので、日本では、よほど意思が強い子だけしか、そんな存在にはなれません。対して、アメリカではタイプAを目指している生徒がクラスの3分の1くらいいて、お互いに競い合っているのです。

この違いは、どこから生まれるのでしょうか？

大まかな理由として、二つ考えられます。それは、「プレゼンテーション」と「ディベート（討論）」の授業の有無です。アメリカでは、それぞれプレゼンは10歳ごろから、ディベートは高校から始まる所が多いです。

ディベートとは、特定のテーマを先生が選び、「賛成」と「反対」の二つのチームに分かれ、それぞれ自分の意見が相手よりも正しいことを論理的に主張する討論会です。

子どもだからといって、テーマには容赦ありません。あえて「マリファナは合法化すべきか」などといった、すぐには答えが出ないようなテーマについて学生たちが議論し合うのです。

面白いのが、二つのチームに分かれる際、本人の意見とは関係なく席順などで決められてしまう点です。仮に自分の意見と正反対のチームに選ばれても、自分の感情は抜きにして意見を構築し、主張しなければならないルールなのです。

あなたがもしマリファナ合法化に心の底から反対していても、「合法化賛成」のチームに選ばれたなら、賛成のスタンスを取らないといけません。ちょうど、被告についた弁護士が心の中で「この人は有罪に違いない」と思っていても、その被告を懸命に弁護しようとする姿と似ています。

この授業を通して生徒たちが学ぶのは、論理的な思考とその思考プロセスをわかりやすく説明するコミュニケーション能力です。

相手を言い負かす際も、「お前はバカだ」などと人格攻撃をしたり、感情的になったりしてはいけません。個々のロジックや、そこから導き出される意見だけを冷静に論破していきます。

そういった「討論のマナー」を学ぶことができるのもディベートの授業の良さです。テーマによって是々非々で語り合いますが、授業が終われば元の仲に戻り、他愛もないことで笑い合うことができます。

日本では、ネット上のコメント欄がしばしば炎上しますが、私は、この理由を討論のマナーを知らない人たちが、感情的になって個人攻撃し合うことに起因すると考えています。

たとえば、私自身も東日本大震災後にブログで日本の原発政策を批判した際、「お前は原発脳だ」「左翼のバカだ」などというコメントを数多く書き込まれました。どれも論理的なものではなく、頭ごなしに嫌悪感をぶつけてくるものばかり。彼らに建設的な議論をする気はさらさらなく、私を嫌な気分にさせることが目的のものばかりでした。

また、アメリカの学校におけるプレゼンについては、特別な授業というより、生徒が歴史や科学といった科目を学ぶ過程で調べたことを、まとめて授業中に発表する「トレーニング」として、小学生のうちから行われています。つまり、アメリカでは、プレゼンが日常の勉強の一部として取り入れられているのです。

かたや私の記憶では、日本の学校で「自分が調べたことを人前で発表する」という機会は、大学4年になって研究室に入るまで、ほとんどなかったように思います。

ディベートにしろプレゼンにしろ、最低限必要なことは、自分の考えをまとめてロジカルにわかりやすく説明することです。しかし、実際に説得力を持って説明するには場数を踏み、自分のアウトプットに自信を持つことが欠かせません。

アメリカの学校におけるディベートやプレゼンの授業が、先に書いたような「タイプA」のパーソナリティを持つ子どもを育てるのに重要な役割を果たしており、それが社会に出たときの、リーダーシップや交渉力の発揮につながっていくのです。こうやって見ていくと、日米の高校生で2、3年生あたりから、能力に目に見える違いが出てくるのも納得できます。高校生になってから何か特別なカリキュラムを受けたというより、小・中学校から受けている教育の蓄積の差が、高校生になってはっきりと出てくるのです。

私の長男は、シアトルでの中学時代、生徒会長に立候補したのですが、そのキャンペーンのために、大勢の友達に手書きのキャンペーンTシャツを選挙期間中着てもらうという奇抜なアイデアで、選挙そのものを盛り上げていました。そんな「目立つ行動」「奇抜な行動」が学校からも友達からも暖かく迎えられるのが、アメリカの学校の特徴でもあります。

高速で回る大縄跳びに入るには

私は大学院まで日本の教育を受けていました。その後、新卒で日本のNTTで1年ほど働いたのち、マイクロソフトの日本支社からワシントンにある本社に移りました。

やはり、アメリカに移った当初はコミュニケーションでかなり苦労しました。中でももっとも骨が折れたのは、グループ内でのディスカッションです。同僚や上司がさまざまな場面でプロジェクトの内容についてディスカッションしているのですが、まさに「超高速で回っている大縄跳び」といった比喩がふさわしく、どうやって割り込むか、タイミングがまるでつかめなかったのです。

使われている言語が慣れない英語だったということもありますが、そもそもアメリカ人はみんなよくしゃべります。すると、自分から割り込まないとしゃべる機会が訪れません。彼らは、気を利かせて「中島はどう思う?」などと聞いてくれませんから、しゃべらないと「コイツは意見がないから話さないんだな」と思われてしまいます。当然、それにより自分の望む仕事が回ってこなくても文句は言えませんし、人事評価にも影響してきます。

だからといって、日本の討論番組のように誰かが話している最中に割り込むことはマナー違反。誰かが話し終わった瞬間に「スッ」と入るテクニックが必要とされ、それは経験・勘・度胸がモノを言う世界でした。

前項も含め、ここまでの話における「コミュニケーション」は、人に話す意味での「アウトプット（発信）」に置き換えられます。幸いにも、私は現地でＯＪＴの形で、半ば強制的にトレーニングする機会に恵まれましたが、多くの日本人はそうもいかないでしょう。

本来であれば、企業研修においても、プレゼンやディベートのプロによるコミュニケーション教育にもっと力を入れていくべきなのですが、残念ながら日本企業はあまり注力していません。

つまり、日本ではアメリカと違ってプレゼンやディベートによってアウトプット力を高める機会がほとんどないため、自発的にトレーニングしていくしかないのです。

根っからの作文嫌いだった私が、書くことに夢中になれた理由

最近「自分の本業はプログラマーというより執筆業ではないか」と思えるくらい、文章を書く機会が増えている私ですが、子どもの頃は文章を書くことが好きではありませんでした。まさか未来の自分が、毎週1万文字以上の原稿を書いているなどと、私はもちろん、周囲の誰も想像していなかったでしょう。

私は、小学校の頃から理科や算数が得意でした。その一方、国語がとにかく大嫌い。理科や算数と違い、正解が一つだけのことが少ないし、論理的に考えてもなかなか答えを導き出すことができなかったからです。

唯一絶対解があるはずの漢字ですら、覚えるのが苦痛で仕方なかったし、作文を褒めら

れた記憶もありません。ですから、「良い文章とは何なのか」がまったく理解できておらず、いつの間にか、自分は文章を書くのが下手なのだと思い込んでいました。

今でも覚えているのが、夏休みの宿題で夏目漱石の『三四郎』の感想文を書いたときのことです。

読み終えての私の正直な感想は、**「くだらないことについて悩む三四郎にイライラした上に、そんなことをグダグダと並べた文章に耐えられなかった。宿題という義務がなければ、半分も読まないうちに投げ出していただろう。こんなつまらない本を課題図書に選んで、私の時間を奪わないでほしい」**というものでした（笑）。

さすがにそんなことを書くわけにいきませんから、小説の中に出てくるエピソードをいくつか適当に選び、自分だったらどう感じただろう、どう行動しただろう、などと、登場人物をいちいち自分に投影して書きました。そうやって、本当の感想とはまったく異なる「ニセ感想文」をでっち上げていたというわけです。

日本の国語の授業では、子どもたちに詩や小説を読ませ、長期休暇には、読書感想文や日記を書かせます。先生は無責任に「自分で見たこと、感じたことを素直に書きなさい」と言います。しかし、子どもたちも馬鹿ではありません。『三四郎』を読んだ私のように、本音だけを素直に書いても評価されないことを知っています。ですから、子どもたちは空気を読み、なるべくウソにならないように本の内容や遠足での出来事をだらだらと書きつらねた挙句、最後に「面白かった」などという陳腐な言葉が量産されることになります。

先生は決まって、「面白かった」だけでは具体性に欠けると言うわけですが、だったら「主人公が事件に巻き込まれたときは、とてもハラハラした」ならばいいのでしょうか。そうやって作文の宿題を書いていると、結局のところ「先生に褒められるためには、どんなことを〝感じた〟ことにすればいいのか」と、忖度するクセがついてしまいます。

これでは、文章が上手くなるはずがありません。**そもそも、文章とは感想や感情ではなく、「情報を伝える道具」だからです。**作文の授業ではこの本質を教えるべきであり、そこに「どんな情報を伝えたいのかを決めるプロセス」を混ぜてはいけません。本来なら、筆者の感情や意見を100％排除し、描写力など文章表現自体の技術を磨かせるべきなのです。

とにかく相手に伝えることが命題なわけですから、ウィットに富んだ表現や美しい文章といった類の表現に関しては、「文学」などの教科に分けて教えるべきでしょう。応用編は置いておき、まずは、その道具を使いこなす技術の習得に専念すべきなのです。

つまり、作文の授業で子どもたちに出すべき課題は、本を読んだ感想ではなく、「ランドセルとは何か、見たことがない人に説明する文章を４００字以内で書け」といった、情報を伝える描写力を求める内容であるべきなのです。

こうすれば、子どもたちは感想文のように「何を書けば良いか」で悩むこともなく、純粋に文章を書くテクニックの習得に専念できるというわけです。

これに気づいたのは、私が大学院生になってしばらくしてからでした。院の先輩がすすめてくれた『理科系の作文技術』という1冊の本が、「文章には何が求められているか」という、もっとも本質的な答えを教えてくれたのです。

それがつまり「情報の伝わりやすさ」なのだと理解したとたん、文章というものがものすごく簡単なものに思えてきました。**文章はつまるところ、道具なのです。道具だと思ったら、テクニックや感情は抜きにして、とにかく理路整然とわかりやすく書けばいいのです。**

「自分は文章を書くのが苦手だ」という心の重しが、すっと軽くなったことを覚えています。

今になって考えてみると、私が文章嫌いだったのは、学校の国語教育、特に作文教育に問題があったのだとつくづく思います。「感情表現の前に情報伝達の面白さを伝えた方が文章を好きになる子どもは増える」というあまりに単純なことにもかかわらず、国語の先生はそれをはっきりと教えてくれません。小・中学校で「子どもに国語の時間に教えるべきなのは何か」という根本の部分が、ちゃんと定義されていないし、理解されていないのだと思います。つまり、教育に「ビジョン」がないのです。

日記でいえば「一日の中で印象に残った出来事に対して感じたこと」、読書感想文であれば、「その本のストーリー、また印象的な内容に対して感じたこと」がそれぞれ伝えるべき情報のはずですが、悪いことに、子どもたちに「(文章力ではなく)何を感じたかというセンスで自分が評価されるのではないか」という誤解と不安を与え、私のように(そして、たぶん多くの子どもたちがしているように）「良い成績を取るために感想をでっち上げる」という無意味な行動に走らせているのです。

あなたがもし、「自分は文章を書くのが苦手」と思い込んでいるのであれば、まず文章は〝情報を伝えるためのツールにすぎない〟のだと考えてみましょう。なんだか自分にもできそうな気がしてきませんか？

「文章は道具」なのですから、命題は、可能なかぎり正確かつ簡潔に情報を伝えること。小説など文学的な文章は別として、情報を伝えるだけなら、特別な訓練など受けなくても誰でも一定のルールに従えば書けるようになるのです。

もちろん、昔の私のように「文章は苦手だ」と思っている人であっても、です。

ハマれることを見つけ、夢中になろう。それが熱を生む

ここまで、アウトプットとはいったい何なのか、今の時代になぜアウトプットが重要なのか、たっぷりとお伝えしてきました。また、アウトプットの主軸とも言える文章も、その正体は先ほどもお伝えしたように〝情報を伝えるためのツール〟にすぎない、ということもお話ししました。

そう考えると、つかみどころのなかったアウトプットというものの輪郭がはっきりしてきます。そして、この本を読む前には「自分にはまともなアウトプットなんてできない」と思っていた人でも、次第に「自分にもできるかもしれない」と思えてきているのではありませんか。

しかし、そうはいっても一抹の不安を拭えない人も多いでしょう。「はたして、文章で褒められてこなかった自分に、『正しく、しかもわかりやすく書く』ことができるのか」と。次章から具体的な方法論に移っていきますが、その前にとても重要な真実をお伝えしましょう。

それは、あなたが「この情報を伝えたい」という「熱」さえ持てば、文章のテクニックうんぬんを抜きにしても十分さまになるということです。

その文章が300字だろうと3000字だろうと、読んでくれた人に「感じてほしい」という思いが誰しもあるわけです。それが何かということを意識して書けば、合格点の文章が書けるのです。そしてそんな文章は人を引きつけます。少なくとも、誰にも読まれないようなことはありません。

私は長年ブログをやってきましたし、今でも毎週メルマガを発行していますが、この「熱」は常に意識していることです。

これは、海外におけるコミュニケーションに似ているかもしれません。

あなたが外国に行ったとき、片言の言葉でも、文法がめちゃくちゃでも、ジェスチャーを交えてレストランやタクシーで「このメニューが食べたい」「目的地までのルートを知りたい」などと相手に伝えることはできるはずです。インバウンド需要によって訪日外国人が増えていますが、よほど複雑な事情でなければ、外国人に声をかけられたとき、伝えたいメッセージは伝わるものです。片言の日本語でも相手が何を言いたいのか、何を欲しているのかはわかるものなのです。

反対に、目的意識と熱意のないアウトプットは、何を伝えたいのかがまったく明確になりません。それがいくらキャッチーでも、文法が美しくても、言葉のボキャブラリーが多くても、です。

よくあるのが、フェイスブックやブログでその日にあったことをただ書き連ねている「アウトプットもどき」です。しかし、それでは読んでいる方からも、何が言いたいのかわからないために「時間のムダ」と判断され、いずれスルーされてしまうでしょう。

「書くこと」はあなたが思っているより簡単です。デジタルで書いていればいくらでも修正できますし、じっくりと時間をかけることもできる。**話すこととは違い、書くことは内容がしっかりしてさえいれば、ある程度の乱筆乱文は許されるのです。**

とはいえ、書くことで自分が伝えたいことを相手に過不足なく、効果的に届けることはたやすいことではありません。

話すことに比べ、ハードルが低いだけに意味のない「もどき」になりやすいからです。意味を持たせ、かつ相手の時間的負担を最小限に抑えて伝えるにはそれなりのトレーニングが必要ですし、場数がモノを言う世界です。しかし、まず書く目的意識さえ持てば、とりあえずはなんとかなるものです。

まずは、「何のためにアウトプットするのか」という目的意識を持ってください。

「寝ても覚めてもバス釣りのことが頭から離れない。新しいルアーや竿の情報をみんなと共有したい」「世の中には間違ったダイエット情報があふれている。私が正しいダイエットの知識を発信し、体型のことで悩んでいる若い人たちを救いたい！」「地図好きとつながりたい」「自作ＰＣ派の人と仲良くなりたい」など、何でもＯＫ。誰に文句を言われるわけでもないので、自由に決めてしまいましょう。

それができたのであれば、次のステップです。次章からは、書くための具体的な方法論についてお話しします。中でも、アウトプットにおいてもっとも重要と言っていい「テーマ選び」について、重点的に読み込んでほしいと思います。

chapter 2

すべては「書く」ことから始まる

私の文体を劇的に変えた3冊の本

アウトプットにおいて欠かせない「文章の書き方」について、私は3冊の本から大きな影響を受けました。

1冊めは、第1章でも取り上げた『理科系の作文技術』（中央公論新社）です。偶然、大学院時代の先輩が教えてくれたこの本は、それまで誰も教えてくれなかった、「文章とは情報を伝えるためのツールである」という本質を私に教えてくれた1冊です。

それまで「自分は作文が不得意だ」と思い込んでいた私の目を覚まさせてくれた良書であり、初めて読んだときの感想は、「なんで学校ではこんな簡単なことを教えてくれなかったんだ！」というものでした。

私が常に「わかりやすい文章」を書くように心がけているのはこの本の影響ですし、読んで以降は、文章というものがものすごく簡単なものに思えてきたのです。特に理系の方は、通読を強くおすすめします。

2冊めは、『頭の良くなる「短い、短い」文章術』（三笠書房）です。まさに今あなたが読んでいるこの本で私が伝えようとしている、「インプットとアウトプットの繰り返しが、ＡＩに仕事を奪われかねない時代を生き抜くための最強の勉強法である」ことを簡潔に伝えてくれる良書です。

「何かブログのネタはないかな？」という気持ちで毎日を過ごすだけで、ふだんであれば気にも掛けなかった事象が目に留まるようになり、しかも、疑問に思ったことを、一歩も二歩も踏み込んで調べる習慣が身につくのです。

そう、自分のまわりの人やものを常に好奇心にあふれたまなざしで見る気持ちさえ持って生きていれば、ネタに困ることなど決してない。そんなことを伝えてくれます。別の言い方をすれば、アウトプットをすることが、良いインプットにつながり、それが毎日を勉強の日々に変えてくれる、ということをこの本は教えてくれたのです。

ブログを書き始めようかと迷っている人の背中をそっと押してくれる良書ですし、ブログの更新が滞りがちな人にもおすすめの1冊です。

ラストは、『文章表現 四〇〇字からのレッスン』（筑摩書房）です。

筆者は、「良い文章を書く」ことの定義を「自分にしか書けないことを、誰にもわかるように書く」という、ものすごくわかりやすい言葉で表してくれています。この一点で、私にとっては「目からウロコが落ちる」体験をさせてくれた、数少ない書籍の一つです。

「自分にしか書けないことを、誰にもわかるように書く」

この言葉にこそ、ブログを書くことの楽しみのエッセンスが凝縮されていると言えます。

「自分にしか書けないこと」を見つける楽しみ、それを「誰にもわかるように」伝えることで自分の成長を実感できる喜び。それこそが、あなたがアウトプットする理由なのです。

今もさまざまな文章ノウハウ本が出ていますが、基本的には新しいものを追いかけるよりも、右に挙げた3冊を繰り返し読み込み、実践すれば大丈夫だとお伝えしておきます。

ステップ1「テーマ」を決める

成長期には、たくさん食べて栄養をとることが欠かせないのと同じで、情報を本格的にアウトプットする前の段階では、経験や体験のインプットが欠かせません。ここからは、一連の流れをステップとしてお伝えしていきたいと思います。

まず大前提として、何を文字としてアウトプットしていくのか。そのテーマ選びがとても大切です。アウトプットしていくテーマが自分に合っていないと、まず長続きしません。そうは言っても、「いったい何を書けばいいのかわからない」という人は多いのではないでしょうか。実際に、「ブログやSNSをやってみたいと思うけど、何を書けばいいのかわからない」といった声をよく耳にします。

そうやって悩む人には、「自分の好きなこと」をテーマにするのが一番、とお伝えしています。それは仕事でもかまいません。

私の場合、プログラミングは大好きなことの一つです。自動運転やＡＩ、ＶＲや新しい家庭用ゲーム機などに至るまで、最新のテクノロジーへの興味も人並み外れています。

私は、本職がプログラマーであることを生かして、自動運転などの最先端技術のモノづくりに貢献しています。また、有料メルマガや講演などで最新のテクノロジーに関する情報や見解を中心にアウトプットしているため、今ではれっきとした「仕事」になっていますが、これは「好きなものを仕事にした」ということが大きいと考えています。

今後万が一、私がプログラマーの職を離れることになったり、仮にどこからも発注がなくなったとしても、プログラミングは続けるでしょうし、メルマガや講演のたぐいを一切やめてしまっても、最新のテクノロジーには死ぬまで触れ続けるでしょう。というよりも、「触れずにいられない」と言った方が正しいと思います。

誰にでも〝好きなこと〟があるはずです。それが、アウトプットすべき一番のテーマです。

あなたにとっての「イースト菌」は何か

好きなことを話すと、そこには伝えることに欠かせない「熱」が加わります。

これは、私の義父、つまり妻のお父さんから聞いた話です。

お義父さんはパン職人です。パンづくりにはイースト菌が欠かせませんが、彼がイースト菌の話を始めたら、もう止まりません。

発酵には適した温度があり、温度によってパンの焼き上がりがまったく違ってくる。何度で発酵させるのが適していて、そのときのイースト菌のえさは何がいいかなどなど……。イースト菌は生き物ですから、発酵させるときの容器によっても、出来上がりに影響を与えるようなのです。

彼いわく「イースト菌は鉄を嫌う」とのこと。科学的な根拠もあるようで、たしかに鉄の容器で作ると味が悪くなるらしいのです。イースト菌は本当に鉄自体が嫌いなのかもしれないし、もしくは鉄の容器に付着するほかの雑菌が嫌いなのかもしれませんが、職人の肌感覚で「鉄の容器でイースト菌を発酵させてはいけない」ということを知っているのです。

こんな話を、目を輝かせながら、これまた嬉しそうに話してくれるのです。この話を聞いていて、私はとても興味を引かれました。私自身、パンは食べますが、イースト菌までは興味がおよびません。そんな私でも、イースト菌の話を聞いて「ああ、面白いな」と思ったのです。

彼とは普通に雑談していただけですし、彼はパン作りのプロであっても、しゃべりのプロではありません。ですが、好きなことに熱中している人の話は面白く、聞いている人をぐんぐん引き込む。実際に、私の心を動かしたのです。

「自分の好きなことをアウトプットすべきだ」と聞くと、ハードルが高いと感じるかもしれません。たとえば、先ほどの私の話を聞くと、高度な専門性があったり、お金を取れるレベルでないといけないと思うかもしれません。しかし、そんなことはないのです。お義父さんはパン職人ですが、趣味でパンづくりにハマっている人が同じ話をしても、同じ結果になったはずです。

そう。今の時代、パンづくりのなかでも「イースト菌」という特定の要素一つに興味を持ってくれる人がいるのです。そして、今は何より「読者に発掘されやすい時代」です。

独自のパンの作り方や、たとえば、「5分でできるパン作り」について書いたツイートが拡散されて、数万リツイートされることだって十分に考えられます。それを続けていれば「なんか、パン好きの面白い人がいるな」と読者もついてくる時代です。そのうち、パン情報をメルマガで発信したり、リアルでパン焼き教室を開催したりすることも可能になってくるのです。

そもそも、ブログとは自分が好きなことを書くスペースであり、知見が求められる、いわゆるジャーナリズムとは目的が違います。自分が熱くなれるもの・ことについてを思いきり、自分をさらけ出して書いてしまって問題ありません。

似たようなコンテンツの作り方として非常にうまいと感じるのが、ＮＨＫの「プロフェッショナル　仕事の流儀」です。

番組では、一般的には名の知られていない、いわゆる職人的な仕事に携わる人がフィーチャーされます。たとえば、チョコレート職人なら、多くの人が気にもしていないカカオの種類に対し、異常なまでの愛情を注いでいます。そんな姿を上手に映し出し、見る者を画面に釘づけにする。チャンネルをザッピングしていて、思わず手を止めてしまい、結局最後まで番組を観てしまったり、番組を通して、ふだんは興味もなかったはずの、ハチミツ作りや土壁の塗り方に興味を持ち、ネット検索から本まで買ってしまった、という経験はみなさんにもあると思います。

この番組作りはそれこそプロが行っていますが、ブログなどを書くときには意識してみるといいでしょう。

自分が「プロフェッショナル」で特集されると思って、自分の好きなことをこだわりを持ってアウトプットしていく。すると「自分の好きなものに価値なんてあるのか」と思っていた人でも、勇気が出てくるはずです。

この「好きなことを見つける」というのは、単純なテーマ選びではなく、アウトプットする本当の意義でもあります。

次項では、文章術やテーマ選びという次元ではなく、アウトプットの根幹、「あなたがなぜ書くか、なぜアウトプットするのか」の意義についてお話ししたいと思います。

「100歳まで子どものまま」が最強

「自分の好きなことだけを仕事にする」

これは私が常日頃から意識していることです。最近では、ホリエモンこと堀江貴文さんやドコモ「iモード」の立役者でもある夏野剛さんも、同様のことを話しています。

さまざまな場所で「自分の好きなことを仕事にしよう」と語っている私ですが、この重要性に気づいたのは、実は結果論でもありました。

先にお伝えしたとおり、私は大好きなプログラミングを仕事にしていますが、「自分が好きなことを仕事にできている」とはっきり気づいたのは、アメリカのマイクロソフト本社で働いていた頃です。

当時、マイクロソフト次世代OSのプロトタイプ作りを任されていました。プロトタイプとは、「まず何を作ったらいいのかわからない」というとき、つまり詳細な設計図を作る前に試しに作ってみるものです。その出来によっては「未来のパソコンがどうあるべきか」を決めるメンバーの一人に私が選ばれるかもしれない。文字通り、千載一遇のチャンスでした。

私はその喜びをモチベーションに、夜遅くまで働きました。土日も出社し、24時間ずっとそのことばかりを考えていました。いわゆる「激務」と呼ばれるものですが、不思議といくら頑張っても辛いと感じることはありませんでした。楽しくて仕方なかったからです。結果的にそのプロトタイプがたまたま上司に気に入られ、その後のOSの設計に大きな影響を与えることになりました。

私は毎日のように夜遅くまでオフィスに残って働いていましたが、世界の最先端を行くIT企業といえど、定時になるとそそくさと帰るサラリーマン的な従業員も多くいました。また、次世代OSの開発担当というのは、比較的時間に余裕があります。なにせ「次世代」ですから、長期的に考えればいい。そういった状況ですから、私が仕事に夢中になっている姿を当時の上司が見て、こう言ったのです。

「お前は、なんでそんなに頑張っているんだ?」

私は驚きました。別に頑張っているつもりなど、これっぽっちもなかったからです。強制されて残業しているのではなく、「新しいOSにはこんな機能がほしい」と考えたり、それをなんとか形にしようと奮闘したりしていたら、いつの間にか他の従業員が帰っていたという状況だったのです。

そして、上司からそう言われた瞬間に気づきました。「ああ、自分はプログラミングが心底好きなんだな」と。テレビゲームに熱中していたら、いつの間にか朝になっていたという人がいます。彼らは寝食を忘れて熱中していますが、私にとってはそれがゲームではなく、プログラミングだったというわけです。

思い返してみれば、このスタンスは学生時代から変わっていません。高校時代からアスキーでお金をもらいながらプログラミングに熱中していた私ですから、マイクロソフトのエンジニア業務というのは、場所や予算が劇的に変わっただけで、やっていることの本質は学生時代から何ら変わっていないのです。

好きでやっている。頑張っているつもりもない。苦労を苦労と思わない。だから辛くもなく、結果的に生産性が上がる。自分では好きで好きでたまらないから続けているだけでしたが、それが仕事になって、しかも高い評価を受けることができました。こんなに幸せで、良いサイクルはありません。あなたにもそんなサイクルがきっと作れるはずです。

あなたにも必ず「永遠」のキャッチコピーがある

私が気に入っていて、ブログにも使っているキャッチフレーズに「永遠のパソコン少年」があります。

当初は趣味で始めたプログラミングですが、マイクロソフトでウィンドウズOSの開発などの大きなプロジェクトに携わったり、今では自動運転に関わるソフトウェアを開発したりと、場所や規模は変わっても、心の中ではパソコンやプログラミングの素晴らしさに心底感動した少年時代と、何ら変わっていません。

仮に現在の仕事がすべてなくなっても、プログラミングは続けていくでしょう。頼まれなくても、アプリなどの開発を行っているはずです。

「永遠のパソコン少年」と名乗っている私ですが、以前、とあるインタビューを見て、強烈な共感を覚えました。それが元ザ・ブルーハーツのボーカル、甲本ヒロトさんのコメントです。彼はこのように話していました。

「バンドにゴールなんてないよ。ゴールはバンドを組んだときにもう達成してるんだ。中学生が音楽がやりたくて教室のすみっこでホウキをギターにして弾くでしょ。あれがロックの全部なんだよね。もうあそこで完成してんだよ。

もうこうなってくると、趣味だけやってる隠居なんだよな。……それがもう30代くらいから、我々はリタイア組なんだよ。もう、引退はないんですよ。死ぬまでやるしかない」

言わずと知れた日本のロックスターであり、数々の名曲を世に送り出してきた甲本さんですが、どれだけ有名になっても、「永遠のロック少年」のままなのです。

私も、高校生のときにプログラミングに出合って衝撃を受けましたが、プログラムを書くことで世界を変えよう、などという夢や野望めいたものは一切なく、ただ純粋にプログラムを書くことそのものが楽しくて、一生懸命に勉強して、プログラミングに夢中になっていただけです。

実際、私がマイクロソフトを辞めた大きな理由の一つも、「プログラミングを続けたいから」でした。マイクロソフトという会社が大きくなるうちに私にもマネジメント的な業務が増えていき、「このままだと、近いうちにプログラムを書かせてもらえなくなる」と思ったからです。

その後、いくつも会社を立ち上げたり、オープンソースのプロジェクトを立ち上げているのも、結局はプログラムを書くのが楽しいし、自分の思い通りのプログラムを組みたいし、何よりプログラムを書いている自分が好きだからなのだと思います。

私は今年58歳になりますが、初めてパソコンのプログラミングの楽しみを知った高校時代と、本質は40年以上変わっていません。プログラミングをすることで地位やお金を得るというのは、結果としてついてきたものの、別にそれがゴールではないからです。

ザ・ブルーハーツは、1995年に惜しまれながら解散しました。ところが、甲本ヒロトさんは同じくザ・ブルーハーツのギターを担当していた真島昌利さんとともに、ザ・ハイロウズを結成。2005年に活動休止してしまった後は、二人が中心となり、ザ・クロマニヨンズとして現在も精力的に活動を続けています。

相棒であり、これまた永遠のロック少年である真島さんとともに、今でもバンド活動を続けているのです。私は彼らの生きざまに心から共感しますし、とても好きです。「そうか、俺の人生はロックだったのか」と思いながら、ザ・ブルーハーツの曲を聞くとまた格別なのです。人生100年時代、好きなことをやらずに生きるには長すぎます。あなたもぜひ、子どものように夢中になれることを見つけてください。それはＡＩにはできないことです。

自分では気づかない「好きなこと」の見つけ方

これまで、「好きなこと」を追求すべきということをお伝えしてきました。すでに好きなことが見つかっているのであれば、さっそくアウトプットを始めてみましょう。

しかし、実際のところ「そうはいっても、好きなことが見つからないんだよなぁ」と思っている方も多いのではないでしょうか。「趣味と言える趣味がない」「『休みの日は何しているの？』と聞かれてもマンガを読んで、食べて、寝て終わり」などなど……。

また、親や先生から「勉強しろ」と言われとりあえず勉強して、いい大学に入って、就職の人気ランキング上位の会社や流行りの業界には入ったものの、本当は何が好きなのか未だにわからない、という人は少なくないはずです。

私は幸運なことに、好きなことを探して見つけるのでなく、偶然に出合うことができました。きっかけをくれたのは、私の叔父です。母方の親戚に、壊れた自転車が2台あれば、それを合わせて新しく1台作ってしまうような「機械大好きおじさん」がいました。

私はその叔父のことが好きで、ふだんから仲良くしていました。ある日、そのおじさんが興奮気味に「NECが、『TK80』というマイコンを発売したぞ!」と教えてくれたのです。**そのことを聞いたとき、直感的に「これは絶対ほしい。手に入れなきゃ!」と思ったのです。**当時の値段で、8万円くらいです。お年玉をかき集めても買えないような高価な代物でしたが、それでも「必ずもとを取るから」と親を説得して、なんとか手に入れることができました。

マイコンからプログラミングに触れた最初の1か月間は、どのようにプログラムを入力すればどう動くのか、さっぱりわかりませんでした。当時はわかりやすい教科書もありません。とにかく仕様書のサンプルコードや雑誌に載っているプログラムコードとにらめっこの日々。しばらく仕組みがわからない日々が続きましたが、けれど不思議と諦めることはありませんでした。

結局のところ、プログラミングは概念・思考プロセスの理解の問題です。プログラミングとはなんぞや、それがわかったのは本当に突然でした。目の前の壁をがむしゃらに叩き続けていたら急にガラガラと崩れたような感覚で「なんだ、そういうことか！」ととたんに腑に落ちました。プログラミングが楽しくて仕方なくなったのは、そのときからです。目の前の道がパッと開けた感覚は、今でも鮮明に覚えています。

このときプログラミングに夢中になって、それがいつの間にか仕事になったので、自然と好きなことが見つかり、いつの間にか仕事としてお金を稼ぐようになっていました。

これは私の息子の話ですが、彼はシアトルの日本料理店でシェフをしています。

彼が料理好きであることがわかったのは、ひょんなことがきっかけでした。私がプログラミングに関わることならいくらでも頑張れるように、息子が料理のことであればいくらでも頑張れるということに、ある日気がついたのです。

私の息子が高校2年のとき、たまたま近所の日本食レストランの厨房でアルバイトをすることになりました。すごく厳しい労働環境で低賃金でこき使われる、典型的な「ブラック職場」でした。ほかの高校生は2週間もしないうちに辞めてしまったそうです。**しかし、なぜか、うちの息子に限って、何か月たっても辞めないのです。**その厳しい職場に、「何か」を見つけてくれたのだと思います。

別に私たち親が気がついたからとか、サポートしてあげたからということではありません。多くの人が自分の好きなこと、自分が一番幸せな瞬間に気づけないままでいる昨今、まず息子本人が自分の好きなことに気づけたことがラッキーでしたし、それが親である私たちに伝わったこともラッキーでした。

その後、息子は通っていた大学を辞め、料理の学校に通いました。私たちはそれに対して「もったいない」と思ったことは一度もありません。今では彼は好きなことをして食べていく人生を送っています。

もちろん、アメリカでも飲食業は厳しい世界です。なんとなく選んだ企業に務め、サラリーマンになっている方がよほど安定しているでしょう。しかし、毎週月曜日になると悲しい顔で会社に向かう人生よりも、ずっと充実していると思います。もし、今の仕事がつまらなく、飲み会で仕事の愚痴を言い合っているようなら、あなたの人生は正しい姿ではありません。

では、いったいどうすれば好きなことを見つけられるのか。

一つの方法として、「ベーシックインカムが導入されたら、あなたは何をするか？」と考えてみることは有効だと思います。

ベーシックインカムとは、「政府がすべての国民に対し、最低限の生活を送るために必要な額の現金を定期的に支給する」という政策。機能しなくなることが明白な年金に代わる社会保障政策として注目され、各国で議論に上がるものの、本格的な導入にはまだまだ時間がかかりそうです。しかし、本当に好きなことを考えるきっかけとしてはなかなか興味深いと思っています。

仮にベーシックインカムが導入されたとすれば、一人あたり月に6～7万円が入ると想定されています。十分な金額かどうかはいったん置いて、考えてみましょう。

食べていくため、家族を養うために働いている人も多いと思います。では、生きていくために好きでもない仕事をしなくてもよい未来が訪れるとしたら……。そんな社会が実際に訪れたら、あなたはいったい何をするでしょうか？

ちなみに、冗談抜きでベーシックインカムが導入される時代が遠くない未来に来るかもしれません。また、産業革命や機械の飛躍的な進化によって人間が単純作業から解放されたように、ＡＩやロボットの進歩によって、人間が仕方なくやっていた作業が減っていくと予想されています。

もう一度お聞きします。政府から、最低限暮らせるお金が毎月支給されるようになりました。食べるために仕事しなくてよくなる未来、あなたは毎日何をして生きていきますか？

それこそが「好きなこと」の正体なのです。

「諦めていたミュージシャンになる夢を追いかけたい」

「昔から絵を描くことが好きで、本当は一日中描いていたい」

「今は仕事で忙しいけど、作ってみたいスマホアプリがある」など……。


やってみたいことが見つかったなら、さっそくアウトプットしてみましょう。

この、「アウトプットしてみる」というのは、本当に好きなことかどうか判断する方法でもあります。ブログで書いてみて、それが続くようであれば、あなたは本当に好きなものと出合えたというわけです。

そうすると今度は、自分の好きなことと世間のニーズがマッチしているかどうかも分かるようになります。自分の好きなものや異常なこだわりが身近な友達や同僚には理解してもらえなくても、ネット上にアウトプットしてみたら、たくさんのリアクションがもらえるかもしれません。

今ではすっかり「大衆」という概念が希薄化し、趣味嗜好が多様化しています。たとえば、昔なら「ただのキャンプ好き」で終わっていた人でも、経験から得られた情報を発信してみることで、多くの人におもしろいと思ってもらったり、アウトプットした情報を有益と感じてくれる人がいるのです。

そして、ネットを使ったアウトプットなら、読者やユーザーのリアクションをリアルタイムに把握することが可能です。ニーズがある部分をもっと深掘りしていくと、さらに人気を集めることだってあります。**人には誰にでも承認欲求があり、求められると嬉しいもの。**自分が好きなことで、なおかつ、求められているものを発信できる。そんな好循環が生まれれば、楽しくないわけがありません。

書いたからといって、すぐにお金や信用に換わるわけではありません。だから、本当に好きなことでないと続きません。途中で投げ出してしまったなら、本当に好きなものではないということです。ここで別に悩んだり、落ち込む必要はありません。他のものを試してみれば良いのです。そう、アウトプットしてみることで、自分が本当に好きかどうか確かめることができるのです。

別のテーマで書いてみて、それでも続かなければまた別のテーマをやってみる。そうやっていろいろと試しているうちに、自分の好きなものに出合うことができるはずです。

言い換えれば、もしすでにブログなどを書いている人がいて、なんだか筆が進まない、いまいちだと思っていたら、今よりも面白そうなことを見つけてみましょう。

「石の上にも三年」ということわざがありますが、好きなことを見つける中では、気にすることはありません。いい意味で、いろいろなテーマを食い散らかしていいのです。アウトプットについては、浮気性でも何ら問題ありません。

「ベーシックインカムが導入されたら、あなたは何をするか」、そして「アウトプットしてみて、1か月以上ムリせず毎日続くのか」。これこそがあなたにとってのリトマス試験紙になるのです。

書くことが思い浮かばなければ、心の声に耳をすまそう

自分の好きなことをアウトプットのテーマにすればいいのですが、それでもなお「今、好きと言えることがない。何を書けばいいのかわからない」という方もいるでしょう。そんなときは、自分の中の「引っ掛かり」に従ってみるのも一つの手です。

何か情報に触れたとき、自分の中で何か強く感じることがあれば、それをアウトプットしてみるのです。具体的には、ニュースを見ていて「あ、これは面白い！」などと、自分の中で盛り上がったものなら書きやすいテーマと言えます。

たとえば、テック系の話題に目がない私であれば、アップルが毎年開催しているWWD

C（Worldwide Developers Conference・世界開発者会議）というデベロッパー向けカンファレンスは欠かさずチェックしています。ｉＯＳなどに搭載される新しい機能などが一挙に発表されるため、世界中のアップルファンやデジタルガジェット好きたちから大きな注目を集めています。「ギズモード・ジャパン」や「ITmedia」などのＩＴ系ニュースサイトでも、発表に関する速報記事がいつも配信されます。

ＷＷＤＣ２０１８の発表を見ていて、私は「アップルがＧＰＵ（Graphics Processing Unit・ＰＣ内の演算装置の一種）を活用するための言語であるOpenGLとOpenCLのサポートを終了することを宣言」したことに興味を持ちました。理由としては、アップルが独自に開発した「Metal」の方が、オーバーヘッド（情報処理にかかるコスト）が少なく、ハードウェアの性能を最大に生かせるから、というものです。

これは背景を知らない人にとっては理解しにくい話ですが、実はコンピュータ業界の今後の発展を考える上で、とても大きなインパクトを持つ動きなのです。アップルが11年前にiPhoneを発売したときに、アドビのFlashをサポートしないことを決め、それが結果としてFlashを業界標準の座から追い落としたのと同じような影響力を持つものです。全体のプレゼンの中ではものすごく小さな話題として扱われていましたが……。

WWDCでは、本当に数多くのことが発表されます。記事を書いている記者にとってみれば、発表された100個のうちの一つとして触れていましたが、私からすれば400文字詰めの原稿3枚くらい余裕で書けるほど盛り上がる話なのです。

この話題は、すぐに私のメルマガで取り上げました。「実は業界にとてつもないインパクトがある」ということを、これまでの私の知識を総ざらいして解説しました。結果として、単に「アップルがOpenGLを落としました」という情報だけだと何も感じない人に、私のように「お、これはすごい！」と思ってもらえる仕上がりになったのです。

一般的なITニュースであれば、ワンオブゼムどころか、カットされてしまうような話題ですが、深掘りすることで喜んでくれる読者がいます。速報性などの面では、個人がニュースサイトを上回ることは困難です。しかし、こうやって分析することで、私は読者に対し、独自の価値を提供することができます。その積み重ねが読者の私に対するブランド＝信頼になっていくわけです。

なぜ読者に価値を感じてもらえたか、というと、手前味噌ですが「熱がこもっているから」だと思います。本当に自分が「これはすごい！」と感じたことは、自分が熱く語れるということ。反対に、上っ面をなぞった記事だけ読んでも、普通の人には理解されないし、多少の知識がある方には読み飛ばされてしまいます。興味のないことを書いても、自分の心も読者の心も動かすことはできません。そもそも、書いていて苦痛でしょうし、その気持ちは不思議と読んでいる人にも伝わってしまうものです。仮に、「中島さん、あの発表をすべて記事にしてください」という仕事を頼まれていたら、私はあまり興味を持てずに断っていたでしょう。

私は、「OpenGLとOpenCL」の話題を見たときに、アップルがOpenGLを落とす理由や、アップルは今こう思っていて、将来的にはこうしたい、そこにはこういうリスクがあって……といったことがすぐに湧き出てきました。私がプログラミングを本職にしているということもありますが、こうやって「日々のニュースで興味を持った部分」を深掘りしてみるというのは、好きなことがない人にとっても有効です。

自分が「おっ！　これは面白い」「これは興味深い」と思ったことは、その時点でネット上のどこかに、あなたと同じように盛り上がっている人たちがいる。そのあとは、どうやってその人たちに向けて文章に落とし込むか、だけなのです。

ステップ2「読者」を決める

ブログなどで文章としてアウトプットしていくには、当たり前ですが、多くの人に読んでもらわないと意味がありません。「わかる人にわかればいい」では、私の考えるアウトプットにはなりません。もちろん、あなたのブランドを高めることも困難です。

多くの人に読んでもらうには、「読まれる文章」にする必要があります。**読まれる文章とは「シンプルで、読みやすく、わかりやすい」こと。**そのためには、文章全体を最短にすること、専門用語を最小限にすることの二点が必須条件です。

短い文章が読んでもらいやすいことについては、今さら言うまでもないでしょう。**プレゼンと同じく、サービス精神であれもこれもと盛り込んでしまうのは、どんなときも逆効果です。**読者の時間を奪うどころか、内容をきちんと理解してもらえないリスクすら生まれます。そもそも、ページを開いたとたんに長い文章が飛び込んできただけで、ブログの記事を閉じてしまう人は多くいます。だからこそ、短い文章を意識しましょう。一文で伝えることは一つ、が鉄則です。

意外と見逃しがちなのが、難しい専門用語を多用してしまうということです。「読者」

の設定を間違えてしまうと、専門用語の多用につながります。
「話す」方の例になりますが、朝の情報番組に出ていた、とあるコンサルタントの方がその典型でした。わかりやすく解説することが本来の役割にもかかわらず、専門用語を乱発。結局、何が言いたいのかさっぱりわかりませんでした。わかりやすく説明することよりも、「自分は専門家なんだ、英語も使えるんだ」ということを強調するためだけに、不必要に英語を使おうとするのです。

私のメルマガで扱うテーマは、プログラミングや最新のテクノロジーがメインであることから、ある程度は専門用語を使わざるを得ません。私のメルマガの購読者は、比較的情報感度が高く、リテラシーも高い方が多いですが、初心者の方にも入ってきてもらいやすいようにするため、専門用語には簡単な解説を加えて使っています。そのうち、毎週のように出てくる用語に関しては、解説を省いてもわかってもらえるようになってきます。

簡単な例で言うと、「こうすればマネタイズできます」と「こうすればお金を稼ぐことができます」という二つの表現があれば、私は迷わず後者の書き方を採用します。

厄介なのが、適切な日本語が存在していない横文字の存在です。
たとえば、最近よく耳にするであろう「コーポレート・ガバナンス」。一般的に「企業統治」と訳されますが、企業統治と聞いてピンと来る方がどれくらいいるでしょうか。普通、「昨今はコーポレート・ガバナンス（企業統治）を意識し……」などと書かれても、頭にすっと入ってきません。そういった層をターゲットにするなら、言葉の意味をきちんと説明してあげる必要があります。一方で、さらに状況を難しくするのが、すでに知っている人にとっては、いらない要素の入った文章として「ウザい」と思われてしまうこと。

ものすごく細かいことを言っているようですが、このポイントはけっこう大事だと思っています。文章はできるだけ短く、しかしわかりやすく。その二つの要素を満たそうとするとき、専門用語をどう使うか、そもそも使わないべきか。使うなら、どういう形で説明すべきか。この部分は、すごく慎重に考える必要があると思いますし、読みやすい文章を書くうえでは絶対に手を抜いてはいけない部分です。

そう言われると、書くことが苦手な人にとっては八方ふさがりのような気もしますが、ではこの場合どうするのか。

ここでとても役に立つのが、たとえ話です。私もたとえ話が好きで多用しますが、「ああ、きちんと伝わっているな」と効果を実感することが多々あります。

では、コーポレート・ガバナンスについてたとえてみましょう。

この用語の根本的な意味は、「会社の経営陣が立場を利用して私腹を肥やそうとしないためのルールづくり」ということです。これを誰もが経験したことのある、先生と生徒の関係でたとえてみます。

先生と生徒は、事実上、立場が上下関係にあります。上の立場である先生たちが、自分たちのために生徒に強いていることの一つに、「夏休みの登校日」があります。

もともと、夏休みの登校日の始まりは、先生たちの8月の給料日でした。昔は銀行振込ではなく、給料日に学校に行って直接もらっていたのです。どうせ学校に行くならと、子どもたちも登校させたことが、今も慣習として残っているのです。

さも「宿題の進捗確認」や「日々の生活リズムがたるまないように」と生徒たちのことを思っているような大義名分が用いられますが、もともとはそんな理由だったのです。強い立場にいる人が、本当は自分のためなのに、あたかも弱者のためのようなふりをしている。コーポレート・ガバナンス的に言うと「よろしくない」方向になっているのです。


また、こんなたとえ話もしました。

2018年5月に、インテル製CPUの脆弱性がIT業界を中心に大きなニュースになりました。技術的な話も絡んでくる複雑なテーマでもあったので、私はブログ内で採り上げようとしましたが、普通に〝CPU〟の〝脆弱性〟と言っても慣れない読者にはなじみがないどころか引かれてしまい、二度と私のブログに来てくれなくなるかもしれません。

そこで私は、エンジニアではない人にもとっつきやすいように、「八百屋の看板娘の年齢をどうやって探り出すか」というテーマに置き換え、ブログで説明してみました。以下はその内容の抜粋です。

ここにちょっと変わった八百屋さんがあったとします。店先には小さなカウンターしかなく、後ろに大きな冷蔵庫があり、野菜の在庫はすべて冷蔵庫に保管してありました。表には看板娘のお嬢さんがいて、お客さんから注文を受けると、注文を裏にいる親父さんに伝えて、それを親父さんが店先まで運んで来る、というスタイルで商売をしていました。

野菜の鮮度を保つ意味ではとても良いのですが、注文してから野菜の受け取りまでに時間がかかるのが難点でした。

そこで、来店前に、Eメールで親父さんに買いたい野菜を伝えておくと、前もって店先に持って来ておいてくれる、というサービスを開始したのです。素早く買い物ができるようになり、お客さんも大喜びだし、売り上げも増えました。

あるとき、このお店の常連のお客さんが、看板娘に年齢を尋ねたのですが、教えてくれませんでした。

そこで、ハッカーの友達に相談すると、とても良い方法を伝授してくれました。

まずは、ハッカーの助言通りに、前もって、親父さんに向けて、こんなメールを送ったのです。

「今日は、お嬢さんの年齢の数だけリンゴをください」

そして、少ししてから来店し、まずは

「リンゴを18個ください」

と言うと、リンゴはすぐに出て来ました。

「もう一つください」

と追加しても、リンゴはすぐに出てきます。

しかし、一つずつリンゴを増やしていくと、24個目のリンゴを注文したときに、看板娘は、

「ちょっと待ってください」

と言って、親父さんに追加のリンゴを冷蔵庫から取り出すように頼みました。

これで、親父さんが前もって冷蔵庫から店先に持って来ておいてくれたリンゴの数が23個だったことがわかります。つまり、看板娘の年齢は23歳だったのです。

こうやってたとえ話をすると、わかりやすくなるだけでなく、たとえを面白いと思ってもらえたり、親しみを持ってもらうことができます。会話でもそうですが、自分の知らないジャンルの用語が出てくると、話題が右から左へ通り抜けてしまうもの。そこに、身近で親しみがあったり、くすっと笑えたりするようなたとえ話があると、読者や聞いている側は前のめりになってくれる。このあたりに関しては、知識の蓄積や場数もありますが、習慣にすることがたとえ話の腕を磨いてくれます。

逆に言えば、悪い文章は難しい専門用語がずらずらと並び、読んでいるうちに眠くなり、文字を追ってもまったく頭に入ってこない文章のこと。そうならないためにも、まずは「読者」を設定してみましょう。

同じ話をするにしても、ビジネスパーソンと学生相手では、使う言葉を変える必要があります。理系と文系でも当然、異なってきます。そして、ときおりたとえ話を加えながら、想定した読者に合う伝え方を意識しましょう。

ステップ3 「書く場所」を決める

初心者の方がアウトプットしてみる場として、私がおすすめするのはやはり「ブログ」です。

とはいえ、ネットメディアにはブログだけでなく、SNSやメルマガなど種類も豊富で、私も目的に応じて使い分けています。ここで、私なりの使い方を整理してみたいと思います。

私の場合、現在の「書く」アウトプットのメインは、有料メルマガ「週刊Life is beautiful」になっています。このメルマガは、ブログとは兄弟のような近い関係にあると思っています。もちろん、お金（私の場合、月額８６４円）を払うに値する情報を提供すること、毎週決まった曜日（私の場合、火曜日）に配信しなければならないなど、無料のブログ以上に責任が伴いますが、書き手としてはブログの延長というイメージです。

昔は、ブログにけっこうなリソースを注いでいました。ところが、メルマガを始めて以降は、こちらの方が読者との距離が近いし、毎週火曜日に締め切りがあるというリズムがとても心地よいので、今はメルマガを優先して書いています。

メルマガの配信スタンドを「まぐまぐ」にしたのは、ひょんなことがきっかけでした。ちょうど原発事故の後、私のブログのコメント欄が荒れていた時期がありました。私が政府の原発政策の問題点を指摘すると、これまで私のブログにコメントなどしたことがない人たちが大勢来て、私のことを「原発脳だ」「左翼だ」と批判しました。それも、まったく建設的でない、個人攻撃をしてくるのです。

そんなコメント欄の荒れ方に少し嫌気がさしていたところに、知り合いから「まぐまぐという会社で有料メルマガを書いてみないか？」という誘いがあったのです。

有料メルマガの存在は知っていましたが、私には縁がないものだと思っていました。しかし、有料メルマガであれば、わざわざコメント欄を荒らしに来る人もいないだろうから、昔のブログのように、もっと心地よくものが書けるのではないかと思い、試してみたのです。そして実際に試してみると、ブログの読者の多くがメルマガを購読してくれるようになったし、当然ですが、コメント欄を荒らしに来るような人はいなくなりました。

SNSは、目的によって使い分けています。ときどきツイッターでつぶやくのは、時事性の高い海外のニュース記事。日本語で要約してツイートする形です。狙いとしては、ツイッターをきっかけにメルマガの読者が増えればいいな、くらいの気持ちでやっています。

また、ツイッターには、私が気になった記事の引用やリンクとともに、一言コメントを載せておくという使い方もしています。メルマガには「私の目に止まった記事」というコーナーがあるので、気になる記事があれば一度ツイッターに投稿しておき、その一言コメントを膨らませてメルマガに書くスタイルです。

私の場合、有料メルマガというやや特殊なメディアのため、一般の方であればブログではわりと力を入れたことを書きつつ、ツイッターでブログのエッセンスを140字以内でつぶやいて、ブログに人を誘導するという流れがスムーズでしょう。

ちなみに、最近ではツイッターのアンケート機能を使うことが増えています。主に、私のフォロワー、ひいては一般の人がどのような考えを持っているのかを把握することに役立っています。このアンケートの結果がメルマガの記事に役立つことも少なくありません。

実は、このアンケートは昔からやりたかったことです。フェイスブックでもアンケートをやってみたのですが、いかんせん使いにくい。困ったなと思っていたところに、ツイッターにアンケート機能が搭載されたので使い始めてみました。

フェイスブックは、基本的に私と面識のある方向けに書いています。日本語と英語が交じると混乱しますから、基本的に海外向けがメイン。面白いと思うのが、フェイスブックのグループ機能です。招待制によって、文面を共有できるメンバーを管理することができます。

実際に私も利用しており、メルマガ会員のみが入ることができるグループを作っています。そこでは、私が参加するイベントの告知や、より専門性の高い記事のシェアを中心に行います。**最近では、2018年の8月に立ち上げたNPO法人「Singularity Society（シ**

ンギュラリティ・ソサエティ)」(https://www.singularitysociety.org)**というサロン内のさまざまなプロジェクトの告知にも活用しています。**メンバー同士がコミュニティとなるグループですから、メンバーが気になった記事をシェアしたり、メンバー同士で質疑応答し合ったり。クローズドなコミュニティですが、これからますます活性化させたいと考えています。

フェイスブックグループの参加者サイドとしては、電気自動車のテスラのオーナーたちが集うグループに参加しています。当然、テスラ好きが集まるので、ひいき目な意見も飛び交うのですが、見ていてなかなか楽しいのです。以前でいうミクシィのコミュニティみたいなもので、自分が好きなものを共有している人たちが集まっているのは、フェイスブックグループの特徴だと思います。

オープン性に欠ける分、自分のブランドを高めるには限界がありますが、コミュニケーションは濃密。さらに炎上や批判に晒《さら》されにくいという特徴もあります。ちなみに、テスラのオーナーグループに流れてきた情報、たとえばモデル3のレビューだったり、イーロン・マスクのツイートに関する話題などをベースにして、メルマガの記事を書いたこともありました。つまり、インプットの場としても有効なのです。

インスタグラムは、「悔しいので」やっていません。というのも、実は、インスタグラムがApp Storeに登場する2年ほど前、iPhoneが発売されて少し経った2008年に「フォトシェア」という写真共有アプリをリリースしていたのです。

iPhoneが今ほどメジャーになる前でしたが、100万ダウンロードを達成し、中毒的にハマる人も続出していました。私がとある理由でベンチャーキャピタルからの資金投入を拒んだことがきっかけでそれ以上の拡大には至りませんでしたが、今のインスタグラムのようなムーブメントを起こす可能性は十分あったと思います。このような背景もあり、インスタグラムはやっていません。とはいえ、アウトプットの場としてのインスタグラムも十分なポテンシャルを秘めています。料理や美容など、写真という手段が自分のハマっていることに合っている人には、非常に有効なプラットフォームです。

ちなみに10年ほど前のブログブームの頃、私は「アメブロ（アメーバブログ）は近いうちに消える」と思っていました。とにかくＵＩ（ユーザーインターフェース。使い勝手のこと）がひどかったからです。ＵＩが悪い＝使いづらい、見づらいわけですから、ブームの間はよくても、遠くない未来に人気がなくなり消滅するものと思っていたのです。

ところが、その結果はみなさんご存じのとおり。現在でも高いアクセス数を誇っています。ＰＣのみならずスマホでも見やすくなるよう、スマホシフトもスムーズに移行していますが、誤クリックを誘うと言われてもおかしくない広告の出し方など、今でもＵＩが優れているとは言えません。そのため、メディアのプラットフォームそのものはそんなに実は大事ではなく、そこにちゃんとユーザーがついているかどうかの方が大事という結論になりました。

最近は、自分でドメインを取得し、ワードプレスなどでサイトを自ら作り、ブログを運営する人も増えているようです。しかし、初めのうちは人気のブログサービスを利用したほうがいいでしょう。読者も多く、関連記事やおすすめ記事、新着ピックアップとしてプッシュしてくれる機能があるからです。私はタイプパッドのサービスを利用しています。タイプパッドはブログの黎明期にとある会社の経営陣の方からすすめられ、それ以来使い続けています。

もし私が今からブログを始めるとしたら、株式会社ピースオブケイクの運営する「ｎｏｔｅ」というサービスを選ぶと思います。ＵＩが優れているのはもちろん、クリエイターが作品を発表しやすいように工夫されています。また、良質な記事を書くと運営の方々が直接宣伝してくれるなど、サービスを一生懸命売り出そうと奮闘しているようです。ブログの巨大プラットフォームであるアメブロには規模で劣るものの、濃いファンがつきやすいように、発信者が世に出やすいようにバックアップしてくれる可能性は高いと言えます。

ブログが私にとってかけがえのない財産になっているように、アウトプットの貯金は、あなたの財産になります。その財産を預けるわけですから、「そのサービスがどれだけ長く続いているか、また今後も続いていくかどうか」というのは、意外と重要な視点です。

お金を預ける銀行や投資に使う証券会社の選び方と似ているかもしれません。慎重に選んでみましょう。そして、私がブログやツイッターなど複数の発信の場を持っているように、複数のチャンネルを持っておきましょう。複数のチャンネルを持っておけば、突然のサービス停止やユーザー数の激減など、有事の際のリスクヘッジになります。

読者がほしいのは名文じゃなく「明文」だ

前章で、「論理的な文章の書き方をもっと早く学びたかった」とお話ししました。では、説明文や論文にふさわしい文章、つまりは情報を伝えるためのツールとして優れているのは、どんな文章なのでしょう。

それは、ひと言で言えば「合理的な文章」です。

合理的な文章とは、論理の流れがはっきりとしていて、明快で簡潔な文章のこと。よけいなことは書かず、必要なことだけをもれなく、順序立てて記述した文章のことです。「何を伝えたいのかがはっきりしている文章」とも言えます。

ふだん会話をしているときもそうですが、前置きが長いとイライラしてしまうものです。そういった人の話は、なかなか本題に入ってくれず、本題に関係のない、よけいな話が多すぎるため、ついいら立ってしまうものです。

たとえば「飼っていた犬が逃げ出して、しばらく見つからず大変だった」ということを伝えたいのであれば、その日の朝ごはんに何を食べたかを伝える必要はないはずです。

しかし、犬が逃げたのがたまたま朝だったので、話に臨場感を出したいのか、朝ごはんに何を食べていたのかから話さないと気がすまない人がけっこういます。ここでいう朝ごはんの話のように、話の節々に散りばめられた情報が、ストーリーの伏線かと思いきや、最後まで回収されることなく、肩透かしを食らった経験は誰にでもあるでしょう。

文学作品であれば、そんな情景描写も臨場感を出すためには必要かもしれません。しかし、単に情報を伝えたいのであれば、その手の「本質的でない」詳細は極力省くべきなのです。小説しか読まない人が多いために、無意識のうちに文章に影響されてしまっているのかもしれません。

とはいえ、けっこう難しいのが、〝いったい何が本質か〟を見定めることです。

「今朝、うちの犬が逃げ出して大変だったんだ」

というのが、もっともコンパクトな言い方ですが、

「今日、朝ごはんを食べているときに、うちの犬が逃げ出しちゃって大変だったんだ」

も悪くありません。

しかし、

「今朝、朝ごはんにパンケーキを食べているときに、うちの犬が逃げ出しちゃって大変だったんだ」

という表現はよくないのです。

朝ごはんのメニューがパンケーキだったことは本題とは関係ないので、省略した方が良いのです。よけいなことを言うことにより、聞いている人の頭の中に「パンケーキと犬の脱出に何らかの因果関係があったのではないか?」という疑問符が浮かんでしまいます。この疑問符が、情報を逆に伝わりにくくするのです。


実際に、パンケーキを焼いていたことが犬の脱走につながったのであれば、因果関係をはっきりさせるために、

「今日ね、うちの犬が逃げ出しちゃって大変だったんだよ。朝ごはんにパンケーキを焼いていたんだけど、焦がしちゃったもんだから、煙を外に出そうと台所のドアを開けっ放しにしておいたのがいけなかったんだ」

と言うべきでしょう。

最後の文章では、意図的に「犬が逃げ出して大変だった」という、結論の部分を先に持ってきました。結論を後に持ってくる、たとえば、

「今日ね、朝ごはんにパンケーキを焼いていたんだけど、焦がしちゃったもんだから、煙を外に出そうと台所のドアを開けっ放しにしておいたら、うちの犬が逃げ出しちゃって大変だったんだ」

という言い方でも通じますが、結論に至るまでが長いので、受け取る側に若干のストレスがかかります。

(1) 今日ね、うちの犬が逃げ出しちゃって大変だったんだよ。朝ごはんにパンケーキを焼いていたんだけど、焦がしちゃったもんだから、煙を外に出そうと台所のドアを開けっ放しにしておいたのがいけなかった。

(2) 今日ね、朝ごはんにパンケーキを焼いていたんだけど、焦がしちゃったもんだから、煙を外に出そうと台所のドアを開けっ放しにしておいたら、うちの犬が逃げ出しちゃって

大変だったんだ。

この二つの文章を比べたとき、先に結論を述べている（1）の方が明らかにわかりやすい、という話です。

これは話し言葉でも文章でも同じですが、人の話を理解するのは簡単ではありません。集中力が必要だし、ロジックをちゃんと追っていく必要もあります。

（2）のように、最後まで聞かないと結論がわからない話の場合、最初から最後まで集中力を保つ必要があります。そのうえ、ロジックを組み立てるためには、最初の方に述べられた内容（パンケーキを焼いていた、焦がしてしまった、煙を外に出すために台所のドアを開けた）を覚えておき、最後に結論（犬が逃げ出した）が出てから頭の中で組み立て直す必要があります。

しかし、（1）のように最初に結論を言えば、集中力の高いうちに結論が述べられるため、まずそれが頭に入ります。そして「なぜ犬が逃げたのだろう」という疑問が頭の中に浮かんだところにその解答が提供されるため、「煙を外に出すために台所のドアを開けたために、犬が逃げてしまった」という因果関係がすっきりと頭に入ってくるのです。

繰り返しになりますが、アウトプットはただ単に書いて終わりではありません。受け手にきちんと伝わる必要があります。アウトプットを始めてみた際には、読者のリアクションやツッコミが最初は少ないため、自分に甘えてメリハリのない文章を書いてしまいがちなので、合理的な文章を意識してみましょう。

結局、アウトプットが最強の情報収集である

アウトプットにはインプットが欠かせないことは先にお話ししたとおりですが、私のよ

うに毎週アウトプットを続けていると「中島さんはどのように情報を集めているのですか？　よく続きますね」という質問をよく受けます。

そんなときには、「特定の企業に関する情報なら、アメリカ版のヤフーファイナンスを使います」などと答えてきました。

しかし、質問者が一番知りたいことは、私がいかに世間の最新情報を捉え、一見バラバラの事象を一つの流れとして交通整理し、自分の意見として出力できているのか、ということでしょう。残念ながら「ヤフーファイナンス」にはその答えが載っていません。なので、ここでは角度を変えてお答えしたいと思います。

煙に巻いたように聞こえるかもしれませんが、一言で答えるなら「アウトプットを続けることが一番の情報収集」につきます。私のようにメルマガを書いても良いし、ブログでもYouTubeでも良いので、なんらかのはっきりとした目的を持って発信することが一番良い勉強方法なのです。一見すると遠回りに見えるかもしれません。しかし、メルマガでも紹介した、とあるニュースの話題を読んでもらえれば納得してもらえるはずです。

アップルが自社製品に使用するディスプレイパネルの話題です。少し専門用語も出てきますが、まずは読んでみてください。

アップルがディスプレイパネルを仕入れているサムスンに対し、iPhone X向けのOLED（有機発光ダイオード）パネルの価格を下げるように要求している、というリーク情報がありました。

『Apple is seeking a price cut of nearly 10% for Samsung's OLED displays』
https://www.phonearena.com/news/apple-samsung-oled-panel-price-cut_id104347

記事によると、アップルは、現在1枚あたり110ドルのものを100ドルまで下げるように要求しており、アップルとしては、既存のiPhone X（5・8インチ）に加え、新型のiPhone X（5・8インチと6・8インチ）向けに1億枚を購入する予定だそうです。

アップルは通常、同じ部品を複数のベンダーから調達することにより、ベンダー同士を競争させ、値下げをするという戦略をとります。しかし、このＯＬＥＤパネルに限っては、セカンドソースとして期待していたＬＧが、アップルの品質要求を満たせず、ＯＬＥＤパネルの大量生産に手こずっており（参照…LG can’t meet Apple’s demand for iPhone OLED displays）、２０１８年もサムスン１社に頼らなければならないことになっているそうです。

少し前に、アップルがマイクロＬＥＤの開発をしているという報道がありましたが（参照…Apple using secret US facility to develop MicroLED screens for Apple Watch - THE VERGE）、これもこの問題と深く関わっています。

ＯＬＥＤはバックライトを使うＬＥＤと違い、それぞれの素子が発光するため、発色が良く、視野角が広いという特徴を持っています。しかし、製造工程がＬＥＤとは大きく異なるため、製造ノウハウが業界全体になく、十分な競争が起こっていません（結果として、価格が高止まりしています）。

マイクロＬＥＤとは、（通常のＬＥＤのようにバックライトを使わず）ピクセルごとに微細なＬＥＤを光らせるため、ＯＬＥＤと同様のメリットを持っています。マイクロＬＥＤは、まだ研究開発の段階のテクノロジーですが、これが実現されれば、ＬＥＤの製造技術がそのまま活用できるために、ＯＬＥＤよりも製造が簡単になる（つまり、価格が安くなる）と期待されています。

アップルは、２０１４年に「LuxVue Technology」というマイクロＬＥＤベンチャーを買収しており（参照…Apple buys microLED company with potential to light up the iWatch）、「アップルがマイクロＬＥＤを開発している」という報道も、その研究開発がまだ続いていることを再確認したにすぎません。

多くの記事が、「アップルはマイクロＬＥＤをApple Watchに使うに違いない」と予想していますが、マイクロＬＥＤで大画面テレビが作れることはすでにサムスンが証明しており（参照…Samsung's micro LED bet will define its future in TVs）、アップルとしては、iPhoneに使いたいからこそ開発投資をしていることは明らかです。

iPhone Xの製造原価は370ドル程度と見積もられていますが（参照…Here's how much it reportedly costs to build the iPhone X）、そのうち100～110ドルをOLEDパネルのためにサムスンに支払っているという計算になります。

メーカーであるアップルとしては、なんとしてでもそのコストを下げたいでしょうから、1日でも早くマイクロLEDを自社技術として実用化し、台湾の半導体製造工場の「TSMC」あたりに製造だけ委託するという形で安く調達したいと考えるのは当然です（参照…Report: Apple developing microLED displays with TSMC for Apple Watch and augmented reality wearable）。

という記事を書きましたが、この一つの記事を書くために、私は少なくとも十数回「ググって」います。

元ネタは「アップルがサムスンとOLEDパネルの値段交渉をしている」という記事ですが、私のように常に情報を発信し続けていると、この記事を読んだだけで「最近、どこかでLGがOLEDパネルの製造に手間取っているという記事を読んだな」「アップルがOLEDではない別の表示パネルの技術を開発しているという記事も読んだな」などの記憶が蘇ってきます。

記憶を頼りに検索し、それらの記事を再度読み直すと、LGがOLEDパネルの製造に手こずっていることは確認できましたし、「マイクロLEDという技術は、アップルがベンチャー企業を買収して手に入れた技術だ」ということを知ることもできました。さらに「マイクロLEDって、OLEDとどう違うのだろう?」という私自身の疑問の答えをネット上に見つけ、勉強したのです。

さも、私が各メーカーのパネル製造事情に精通しているようですが、実際のところは、このように、曖昧な記憶をたどりながら点と点を結びつけ、かつ同時に、(勉強したばかりの)マイクロLEDについても(あたかも私が昔から知っていたかのように)解説しているのです。

このマイクロLEDの件が、「情報をアウトプットすると勉強になる」という良い例です。この記事を書く前に、私は「アップルがApple Watch向けにマイクロLEDパネルの開発をしているらしい」という記事は目にしていましたが、そのときにはそれほど重要視をせずに、マイクロLEDのことを深掘りせずにやり過ごしてしまいました。

しかし、この記事を書くにあたって、記憶の片すみにあった「マイクロLEDとは何か」を知りたいという知識欲が湧き、調べた結果、それは決してApple Watch向けだけでなく、iPhoneやiPadにも使える技術である上に、製造が難しいOLEDパネルに置き換わるポテンシャルを持っているということを学ぶことができたのです。

ここまで来れば、あとは「iPhone向けのOLEDパネルを製造できるのはサムスンだけだ」という問題との間に補助線を引いて、「アップルはマイクロLEDをApple Watchだけでなく、iPhoneにも使いたがっているはずだ」という、独自のコメントを加えることもできるのです。

つまり、私のように偉そうに文章を書いている人間でも、最初から何もかも知っているわけでは決してなく、調べながら書いているし、必要に応じては（このマイクロLEDのように）勉強したばかりの情報をベースに、あたかも昔から知っていたかのように書くことがあるのです。

あなたが「この人は、本当に物知りだな……」と感心している人も、基本的に同じことをやっているはずです。今回の場合は、アップルとディスプレイパネルについてでしたが、読者のみなさんがアウトプットしたいテーマでも流れは同じです。

そして、もっと重要なことは、そんなアウトプットを継続することです。継続していれば、頭の中に自然と時系列ができるし、先述したように「アップルがサムスンとOLEDパネルの値段交渉をしている」と読んだとたんに、少し前に読んだ「LGがOLEDパネルの製造に手間取っている」という記事が自然に頭に浮かぶようになるのです。

インプットとアウトプットは、「車の両輪」です。インプットも特定のアウトプットに向けて1回だけやるものではなく、継続的にし続けるものなので、そこは誤解しないようにしてください。

ちなみに、先ほどお伝えした「OpenGLとOpenCL」の話も、私の継続の賜物です。「OpenGLとOpenCL」の話題は、アップルのことを最近知った人からすれば、どれだけインパクトのある発表なのかわかりませんし、そもそも解説やコメントのしようがありません。しかし、私のようにアップルの動向を時系列的に見ていると、難なく理解できる内容なのです。実はこれ、ものすごく高度で専門的な知識かというと、決してそんなことはないのです。

それでも、アップルに関するインプットとアウトプットを継続してきたことで、「アップルがOpenGLを落とすことがFlashを捨てたのと同じだ」ということを書けるようになっています。こうやって、コメントにも味わいが出てくる。そして、これをメルマガで解説したら多くの読者の方に価値を感じてもらえることができるのです。

こう聞けば、価値のあるアウトプットをすることが、そう難しい話ではないように思えてくるはずです。私の場合は、継続して見ているものがたまたまアップルやテスラだったりしますが、あなたの場合は、あなたが好きな会社だったり分野だったり、何でもいいわけです。大事なのは、何でもいいからそのトピックで継続的に発信していくこと。これによって知識が蓄えられるし、あなたのコメントにも深みが出て、あなたのアウトプットの価値がさらに増していくのです。

「継続は力なり」という言葉がありますが、私もそうだと思っています。

ここまでお伝えしてきたようなインプットやアウトプットに関することもそうですが、続けていくことで細かなノウハウも身についてきます。インターネットでアウトプットする良さは、フィードバックがリアルタイムに返ってくること。いい結果にしろ、悪い結果にしろ、すぐにわかります。試行錯誤するなかで、より多くの人に読んでもらえるタイトルの書き方やテーマの選び方、書き方やテイスト、文量などがわかっていきますし、何年も続けていくと、かなり学ぶことは多いと思います。こういった細かなノウハウというのは、続けていかないとなかなか身につかないものなのです。

アウトプットは仮説でOK

前項では、私がいかにして最新情報を捉え、かつ自分なりに消化し、一見バラバラの事象を一つの流れとして捉えているのか、その方法論をお伝えしました。

「アップルがサムスンとOLEDパネルの値段交渉をしている」と読んだとたん、少し前に読んだ「LGがOLEDパネルの製造に手間取っている」という記事が自然に頭に浮かぶようになったのです。

このように、事実としてアウトプットするときもあれば、ときに〝仮説〟をアウトプットする場合もあります。しかし、それもまたれっきとしたアウトプットですし、仮説をアウトプットすることがまた、良質なインプットにつながります。私はそんな教訓をブログから得ることができました。

一つの良い例をご紹介しましょう。

エンジニアとして仕事をしている中で、私にはずっと答えの出ない疑問がありました。それは、「なぜ、日本のソフトウェア会社はアメリカに敵わないのか」ということです。

私は、マイクロソフトで働く前はNTTの研究所に在籍し、高校時代からアスキーでソフトウェアの開発に携わってもいました。日本人エンジニアの友人もたくさんいます。アメリカ人エンジニアに比べて日本人エンジニアが劣っているとは思いませんが、世界で見ると日本のソフトウェア業界はやはり「弱い」のです。この謎を、私はマクロ的に知りたくなりました。

最初は、日米の間に技術的な格差があるのだと思っていました。しかし、調べていくと、思いもよらないことが明らかになったのです。

日本でのソフトウェアの作り方がアメリカでのそれとは大きく異なっていること、そして、日本のソフトウェアエンジニアの境遇が悪すぎること。これが、日本のソフトウェアが世界で通用しないことの一番の原因になっているのです。

アメリカのソフトウェアビジネスは、ベンチャー主導型で成長してきました。マイクロソフトにせよ、グーグルやアップルにせよ、この業界を牽引する会社のほとんどが「起業家」によって作られたベンチャー企業です。そういった企業は、基本的に開業資金を起業家本人や家族、知人から集めた〝自己資金〟で賄います。自己資金で会社を立ち上げ、少し軌道に乗ったところでベンチャーキャピタルと呼ばれる投資家から資金を集め、会社をさらに大きくしていくのです。

そこでの政府の役割は、起業家が会社を上場させたときに得る利益（創業者利益）への税率を低く設定して起業家精神を刺激したり、巨大な企業が既得権やマーケットシェアを利用して、ベンチャー企業の市場への進出を不当に妨害したりしないように監視することです。

上場企業ではなく、わざわざベンチャー企業に投資する投資家たちは、ハイリスク・ハイリターンを承知で投資しています。当然ですが、そんな投資家を株主に持つベンチャー企業は、利益率の高い「知識集約型ビジネス」を選ぶことになります。これは、知的所有権など、頭脳が生み出す「価値」そのものに対価を払ってもらうビジネスのことで、マイクロソフトがウィンドウズやオフィスなどで確立した「ソフトウェアライセンス」というビジネスがその典型と言えます。

そんなアメリカのソフトウェアビジネスにおけるエンジニアは、メジャーリーガーのような存在。ストックオプションなどを駆使した魅力的な雇用条件で優秀な人材を集め、スポーツ施設や無料のレストラン、一人ひとりに用意された広い個室などの心地良い労働環境を提供し、彼らの生産効率を上げることが、ビジネス上もっとも大切なことの一つです。グーグルやアップルのオフィス空間がさまざまな面で「快適すぎる」という特集を見たことがある方は多いと思いますが、こういった背景もあるのです。

優秀なエンジニアとそうでないエンジニアで、生産効率の差は20倍にもなると言われます。本当の意味での「価値」を生み出せる優秀なエンジニアはごく一部。その違いが給料やストックオプションに直接響いてくるし、優秀な人材は常にライバル会社のヘッドハンティングのターゲットとなります。もちろん、優秀でない人はすぐに解雇されるという、真の意味での「実力社会」でもありますが。

一方、日本におけるソフトウェアビジネスは、銀行と同じく、官僚主導で作られたようなものです。旧郵政省・通産省の主導のもと、「日本のエレクトロニクス産業・ＩＴ産業の育成のため」という名目で、海外の企業を締め出してきました。そのかわり、官庁や旧電電公社のような特殊法人が、国内の選ばれた数社からほとんど競争もない形で平等に「調達する」というやり方が、高度経済成長の時期に形作られました。

この官僚主導による「ＩＴ産業の育成」が、ある時期にそれなりの経済効果をもたらしたことは否定できない事実です。しかし、一つの大きな弊害を日本のソフトウェア業界にもたらしたことも揺るぎない事実なのです。それが「ＩＴゼネコンビジネスモデル」。「プライムベンダー」と呼ばれる巨大なＩＴ企業が大規模なソフトウェア開発を受注し、実際のプログラミングは「下請け」と呼ばれる中小のソフトウェア企業が行うという、まるで建設業界のような構造ができ上がってしまったのです。

そして、このITゼネコンビジネスモデルは、いくつかの副作用をもたらします。

官庁や公益法人向けの「横並び調達」スタイルのビジネスをすると、どうしてもコスト（人月《にんげつ》コスト）に適度な利益率を上乗せしたものを対価として請求する、労働集約型ビジネスモデルにならざるを得ません。

ソフトウェアの開発スタイルにはさまざまなものがありますが、ITゼネコンビジネスモデルのもとで唯一可能なのは、プライムベンダーが顧客の要求を聞き出し、そこから仕様書を起こして下請けに投げるという、「ウォーターフォール型」の開発スタイルのみ。この型にもそれなりの利点があるものの、やたらと人手と時間がかかってしまいます。

このような性格を持つ日本のIT企業が、海外で通用するわけがないのは当然です。また、この影響が家電などの産業にまで影響を及ぼしました。

ITゼネコンにソフトウェアの開発を外注していたり、内製でありながらウォーターフォール型の労働集約型ビジネスモデルで作る日本のメーカーは、コスト・スピードの両面で海外メーカーに敵わず、iPhoneのような尖った製品も作れません。

ＩＴゼネコン数社を頂点に置いたピラミッド型の日本のＩＴ業界では、アメリカと比べベンチャー企業の立ち上げが難しくなります。ゲームやアプリを作るなら可能ですが、ビジネス向けのソフトウェアを売ろうとすると、ＩＴゼネコン抜きではビジネスができない。結果として、多くのベンチャー企業が労働集約型ビジネスの波に飲み込まれてしまうのです。

そして、もっとも致命的なのは日米におけるソフトウェアエンジニアの扱いの差です。メジャーリーガーのように大切に扱われるアメリカのソフトウェアエンジニアと違い、日本のＩＴ業界のソフトウェアエンジニアは「新３Ｋ（キツい・厳しい・帰れない）」などと揶揄されるくらい厳しい労働環境に置かれているのが現状です。

そして、それに拍車をかけているのが、エンジニアの派遣制度です。案件の規模に合わせ、柔軟に人をアサインできるようにと作られたシステムではあるものの、このシステムがさらにソフトウェアエンジニアの地位を低下させているのです。

これは、アスキー時代やマイクロソフト時代には気づかなかったことでした。「なぜ日本のソフトウェア会社はアメリカに敵わないのだろう」と思って調べていくうちにわかってきたことです。こうやって深堀りしていくと、日本がアメリカに敵わない理由、それはエンジニアの技術力や理科系うんぬんの話ではなくなってきます。社会構造や政治の話が複雑に絡んでいるからです。

典型的な理科系だった私は、それまで社会情勢や歴史にあまり興味を持っていませんでした。しかし、原因を調べていくと、歴史だったり、社会の仕組みをあらためて知ることができましたし、社会や歴史、経済などの面白さにも気づいたのです。気になって調べてみると、知らなかった情報がどんどん出てきて、結果的に非常に良いインプットとなりました。

当初の私のブログは、私がもともと興味のあったパソコンやテック系の話題が中心でした。しかし、こういったことをきっかけに、どちらかというと文科系的なこと、つまり歴史や政治への興味が湧くきっかけにもなりました。書くため（アウトプットするため）に調べていったら、いろんな面白いことがわかって、また新しい分野へ興味が広がっていったというわけです。

また、自分ではわかっているつもりでも、実際にアウトプットしてみると「意外とわかっていなかったな」と思う部分がけっこうありました。

特に、書くというアウトプットは、自分が理解していないとうまくいきません。仕事で使う知識であればさらっと理解して終わっていたものが、ブログのために書くとなると、もう一度しっかり読み返さないといけない、といった状況がけっこうあるのです。

文章というものは、文字数制限さえなければいくらでも説明できるものですが、これが短く書くとなると、過不足なく伝えるには、やはり自分がきちんと理解していることが大切になってきます。

その点、アウトプットを続けていけば、何を省いていいかいけないかを、きちんと認識しないといけないため、そこで「課題の本質は何か」ということを抜き出していく技術も培われていくのです。

この話には続きがあります。

「なぜ、日本のソフトウェア会社はアメリカに敵わないのか」という話をブログで書いたところ、コメント欄で読者同士の激しい議論が起こりました。いうなれば、「ポジティブな炎上」です。中には、実際にITゼネコンに勤めるエンジニアの方からのコメントもあり、いくら調べてもネット上には載っていないであろう内情まで知ることができました。また、他の読者から、私のコメントに対する補足や、逆にツッコミを入れてくれる方もいて、結果的に新たな気づきも得ることができました。

ネット上で書いてアウトプットする際には、「100％誤りのない状態に仕上げないとツッコまれたり、炎上したりする」というイメージがあるかもしれません。しかし、「仮説」の状態でアウトプットしても何ら問題ないのです。

きちんと「正しいかどうかはまだわかりませんが」といったエクスキューズを入れておけば、読者とのコミュニケーションによって、私の例のように、仮説を結論に昇華させることも可能になってきます。

ここまでお話ししたことは、今のようにＳＮＳ全盛になる以前のことです。現在であれば、もっと活発に議論が進むはずです。

仮説というアウトプットでも、実は仮説をブラッシュアップしたり、結論に導いてくれるフィードバックが返ってくるときがある。そんなお話でした。

インプットの極意は「当事者意識」にあり

私が自然に実践していた、インプットの質を飛躍的に上げる方法があります。**それはズバリ「モノやサービスを買う」という行為です。**

私は、アメリカのテスラが発売する電気自動車「テスラ モデルX」を所有しています。テスラを購入するまでの私にとって、自動車とは「移動するための道具」でしかありませんでした。なので、「速く走ること」も「カッコ良いこと」もまったく重要ではなく、「長期間壊れずに使える耐久性」が何よりの優先事項でした。

テスラ車の数ある特徴の一つに、スマホのようにソフトウェアが定期的にアップデートされるということがあります。これまでさまざまな機能が搭載された自動車が発売されてきましたが、購入後に〝新しく機能が追加される〟ことはありませんでした。しかしテスラ車は、まるでスマホのOSがアップデートされるように進化していくのです。実際、これまでオートパイロット機能や緊急ブレーキ、オートパーキング機能が購入後に追加されました。

ちょうど、「電話をかけるための道具」にすぎなかった携帯電話が、iPhoneの登場により「電話機能つきのモバイルPC」という認識に変わったのと同じように、テスラの「モデルX」は「移動機能つきのPC」なのです。テスラを購入してからというもの、ソフトウェアアップデートが待ち遠しくて仕方なく、自動運転が可能になってからは、道路上でいろいろ実験するのが楽しみになりました。

iPhoneが発売された際には、日本の携帯電話メーカーのエンジニアたちから「あんな携帯電話ならうちでも作れる」という声が聞かれました。しかし、彼らはiPhoneの根本的な設計思想を理解していませんでした。スティーブ・ジョブズは、単に携帯電話に機能を詰め込みたかったのではなく、iPhoneというデバイスによって、人々のライフスタイルを根本的に変えようとしたのです。

テスラにも同じく、CEOであるイーロン・マスクの強い思いが込められています。彼は、単に「自動運転つき電気自動車」を作りたいのではなく、ガソリン車よりも圧倒的に便利な電気自動車を普及させることで、「化石燃料に頼らなくても維持できる世界を作り出す」という野望を持っているのです。

テスラ車を買うときには、自動車としての性能に加えて「テスラ」という会社の株に投資する価値があるかどうかも考えました。そして、自動車を買うとき、同時に株も買ったのです。幸運なことに、その後、モデルXの購入額を余裕でまかなえるほど株価が上昇しました。

iPhoneが出たときには、アップル社の株も購入しました。テスラもそうでしたが、iPhoneに実際に触れてみる前から、「これは世界を変える」と思ったからです。

私の自慢話をしたいのではありません。**あなたにとってのテスラやiPhoneを、見つけてほしいのです。**すでに気に入っている製品があるという人は、会社の株を買うというのも一つの選択肢です。

テスラやiPhoneの場合、購入後にもたえずアップデートが行われるため、新機能などに関する最新情報への感度が非常に高くなるという側面があるのですが、「会社の株を買う」という行動も、情報に対する感度を飛躍的に上げてくれます。

たとえばテスラであれば、テスラ社のみならず、他の自動車メーカーの動きも気になってきます。アメリカのみならず、日本やドイツなど、自動車産業が強い国のメーカーの動きにも自然と目がいくはずです。さらに気になる人であれば、電気自動車のバッテリーの材料となるリチウム電池に関わるニュースにも反応するかもしれません。また、アップルであれば、すでにお伝えしたようなディスプレイパネルの仕入れに関するニュースを思わずクリックしてしまうかもしれません。

株式投資をすると、自分がその会社の「当事者」の一人になります。 保有株のパーセンテージ的に言えばものすごく小さな存在かもしれませんが、たとえ一株でも株主であることに変わりありません。当事者になると当然「自分ごと」になるので、その会社のことをもっと知りたくなりますし、投資した会社の業界や、関連する業界にもアンテナが広がっていきます。ですから、「製品と一緒にその企業の株も買う」という消費行動はわりとおすすめです。

株価の動きが気になりすぎて一喜一憂するのは考えものですが、**当事者意識を持つとインプットの質は飛躍的に向上します。** 反対に、他の自動車メーカーの動きも、リチウム電池もディスプレイパネルも、当事者意識がなければそのまま素通りしてしまう可能性が高いのではないでしょうか。

比較的新しい例で言えば、任天堂から「ニンテンドースイッチ」が発売になったとき、スイッチと一緒に任天堂の株も購入しました。こちらは残念なことに現在少し値下がりしてしまっていますが、任天堂の株を持つことで当事者になり、スイッチで遊ぶのがまた楽しくなるとも考えています。

私自身が好奇心のカタマリのため、普通にプレイするだけでもスイッチを使った新しいアイデアや改善点などが思い浮かぶのですが、株主という視点が入ることで、さらに深い洞察につながります。iPhoneアプリと違い、スイッチは一般の人に開発環境がオープンになっていませんが、もし開放されれば何かアプリを作ってみてもいいかな、とも思いました。

一点、自分の職業や所属先に直接関わる取引は、インサイダー取引になる可能性もあるので注意が必要です。企業としてインサイダー取引を行うことも重罪です。

たとえば、マイクロソフトの社長がアップル株を購入した後に、マイクロソフト社としてアップル製品向けのアプリを作るという決定をした場合、完全にインサイダー取引になります。

しかし個人の場合、たとえば、アップル株を買ってから自分でiPhoneアプリの開発者になっても、誰にも文句を言われません。

人間、自分に利害があるものに対しては、自然と興味が湧くものです。反対に言えば、人は自分ごとでないときちんと勉強しないものだ、ということでもあります。

そこで私は、世間で話題になっているモノやサービスを、あえて自分ごとにするために買ってみるのです。ビットコインもその一つでした。一山当てようとかではもちろんなく、ビットコイン自体がほしかったわけでもありません。購入する前の私は、世間でビットコインの話があれだけ盛り上がっているので勉強しようとしましたが、なかなか真剣に勉強する気になれませんでした。

しかし、自分の資産の一部がビットコインなら、いやでも勉強する気になるはず……。というわけで、実際に買ってみたのです。すると、これまでの自分が嘘だったかのように、情報をインプットする姿勢が180度変わりました。

本当に、ビットコインを持ったとたんに、です。自分のお金がかかっているとこれほど意識が変わるものかと、我ながら驚きました。

そこでしっかり勉強してみた結果、「ビットコインは投機的要素が強すぎて危険」という結論に至り、すぐさま売ってしまいました。結果として、ビットコインの危険性が理解できたわけですが、それも実際にビットコインを買ってみないとわからなかったことです。

結局、自分の好奇心をどうやってくすぐってあげるか、という話です。別に株式やビットコインを持たなくても、興味を持てる人はそれでいいのです。しかし、なかなか興味が持てない人は、一つのテクニックとして当事者になってみるというのは私の経験上、かなり有効です。

別に、大きなリスクを取る必要もありません。一株でも意識は歴然と変わってくるので、どうせ失敗してもいいと思うレベルで十分です。

自分が好きなブランドや、縁がある会社の株を最低限必要な株数だけ買ってみる。すると、自然とその会社のことが気になり、その会社や業界について勉強し始める。自分の株が下がって損をするのは嫌だから、勉強する。そうしているうちに、株の勉強になるといったおまけも期待できます。また、その行動がきっかけになって、たとえばVR業界に明るくなったり、企業のバランスシートが見られるようになったりなど、いろいろな発見もあるはずです。

まとめます。**商品を購入したり、株式を購入したりして「積極的に関わる」ことでインプットの濃度は飛躍的に高まる。**インプットにおいて、「積極的に関わることによる当事者意識の獲得」は一つのカギとなるのです。

インプットは好奇心が命。ふだん自分がしないことをする

先ほどは、テスラやiPhone、ニンテンドースイッチといった製品とそのメーカーの株を購入することで、インプットならびにアウトプットの質が上がるとお伝えしました。企業の株までは買わないものの、製品を買ってみてメルマガなどでアウトプットすることがあります。

たとえば、フェイスブックがリリースしたVRヘッドセット、「Oculus Go」は発売後すぐに入手しました。パソコンやスマートフォンなしで単独で動くうえ、値段も199ドル（2万円強）と手頃になってきたので、アプリケーションでも開発してみようかと思い、購入したのです。

とりあえずいくつかアプリをダウンロードして試してみましたが、結論を先に言えば、「まだ発展途上だな」という感想を持ちました。一番の問題は、ピントがしっかり合わないことです（常に左右どちらかの目のピントが若干ずれた状態になります）。このせいで目が疲れてしまい、私には1時間以上連続で使うことはできませんでした。両目の間隔は人により異なるため（私は平均よりも広い方だと思います）、平均に合わせて作られているVRヘッドセットだと、このような問題が生じるのだと思います。少なくとも、目の間隔の調整機能くらいはほしいものです。

メルマガではこんな感想から始まり、Oculus Goがブレイクするために必要な要素などを丁寧に解説しました。

また、アプリの「Snapchat」を展開するアメリカのSnap社から発表された新型「Spectacles2」というカメラつきのサングラスも購入して遊んでみました。クラウドファンディングサイトの「キックスターター」などで新しい製品をいくつか購入してみたこともあります。

もともと新しい技術に対する好奇心は旺盛ですし、仕事にも直接関係してきます。そしてメルマガというアウトプットにもつながる。こうやって、私の場合は自分の好きなものと仕事を意識的にリンクさせるようにしています。

言われてみれば、テスラもiPhoneも現在の仕事に直結するものです。特に、テスラは自動車業界にいれば日々チェックしないといけない存在ですし、そもそも私が今手がけているビジネスは自動車と密接に関わっていますから、「そんな人間がテスラを持っていないでどうする？」というレベルでもあります。**そういった意味で、テスラという存在は、自動車としてはもちろん、使っていて楽しい、仕事になる、メルマガを始めとするアウトプットのネタにもなる。**一石四鳥です。こんな格好の買い物はないのです。

ちなみに私自身、物欲が強いほうではありません。日常で自分の所有物をネタにすることはあまりなく、むしろ「体験」を重視しています。ニュースサイトやSNSを見ていたらなんとなくわかったつもりになるものでも、実際に体験してみることで情報を得て、それが結果的にアウトプットにつながることは多くあります。

たとえば、新宿と大阪にある「VR ZONE」は、新宿で早めに体験しました。ここは、最先端のVR技術と独自の体感マシンが組み合わさったVRゲーム施設です。

中でも、『極限度胸試し ハネチャリ』というアトラクションは、私にとって一生忘れられない体験になりました。まず、スポーツジムに置いてあるエアロバイクのようなマシンにまたがります。ヘッドマウントディスプレイを装着すると現れるバーチャル空間には、ボロボロの翼がついた人力飛行自転車にまたがっている私がいました。

そして、はるか彼方の山の頂上にあるゴールへ向かって自転車を漕いで飛行していきます。もちろんバーチャルなので、すべてエアロバイクと言えるマシン上での出来事ですが、これでもかというくらい、落下のスリルを感じるのです。これまで体験してきたアトラクションやVR体験とは一線を画す没入感がありました。

こういった体験は、価値のあるアウトプットに直結します。実際に、先ほど触れた「Oculus Go がブレイクするために必要な要素」には、この「ハネチャリ体験」が存分に生かされています。

Oculus Goのアプリには、最初は目新しくて面白いものの、すぐに飽きてしまうものや、VRであることの目新しさだけに頼ってゲーム性が低いものが散見されました。ハネチャリのような「忘れられない感覚」を提供してくれるコンテンツに出合えなかったのです。

ハネチャリのように空を滑空するタイプのVRコンテンツは、適度なスリルと没入感があるので、きちんとゲーム性を高めたコンテンツを作れば、VRヘッドセットとしてのキラーコンテンツになるポテンシャルがある、というアウトプットに相成ったのです。

また、「Amazon Go」の体験も良いアウトプットになりました。 Amazon Goとは、アマゾンによる「無人コンビニ」です。お客はほしい商品を手に取って、店を出るだけで買い物が完了するという仕組みです。

こんな前代未聞のサービスが提供できるのも、入店時に個人のアマゾンアカウントに紐づけされているうえ、客がどんな商品を取ったのかを店内のカメラが画像認識しているからです。

こんな大胆（かつ慎重）で、最新のサービスを体験しない理由はありません。ちょうど、2018年の1月に第1号店が私の住むシアトルにオープンしたこともあり、体験してみたのです。

第一印象は、「顧客にとってのユーザー体験が最高」ということにつきます。これは実際に体験した人にしかわからないと思いますが、同じ品揃えの通常のコンビニとAmazon Goが並んでいたら、99％の人はAmazon Goに入るだろうと予想できるくらい、圧倒的な違いでした。

日本は、現時点では「コンビニ先進国」ですが、Amazon Goは明らかな「次世代コンビニ」であり、ここで日本のコンビニ勢が何もしなければ、数年後にはガラパゴス化して、Amazon Goに駆逐されることは明白だ……といったところまで、アウトプットにつながったのです。

私の体験からおわかりの通り、自分の好奇心や興味のままに体験してみるのは非常に大切です。そのままアウトプットにつながることもあれば、「ハネチャリ」のように別のテーマにもつながるものもあるからです。また、すぐにアウトプットにならなくても、その体験が別の情報と化学反応を起こし、新たなアウトプットになることも十分ありえます。

このように、アウトプットのためのリアル体験の重要性や有効性をお伝えしてきましたが、最後にアドバイスを一つ。

私は、食にはとてもこだわりを持っています。大阪の北新地に「さか本」というとても気に入っている割烹料理店があり、日本に来たときにはわざわざ東京から新幹線で食べに行ったりもします。

その一方、あまりにも流行っていて、行列に並んだり何日も前から予約しなければいけないお店は避けるようにしています。私は人混みが嫌いだし、大勢と同じことをするのは好きではありません。また、話題のお店は「実際はそれほど大したことがない」という羊頭狗肉のケースが多いのも事実です。

こういった流行りの場所や人気のお店を体験してみるのは、ある意味、ブームが過ぎてからの方がむしろ良かったりします。たとえば、新宿高島屋にある小籠包の有名店『鼎泰《ディンタイ》豊《フォン》』は、オープン当初は1時間待ちでした。しかし、今では混雑も落ち着いたので、日本に来たときはよく利用しています。

流行りのものを体験してみることはぜひ行うべきですが、飲食店に限らず、「流行り＝群集心理」に踊らされずに、自分で判断する力を養うことも意識してほしいと思います。

段落は、読者への「愛」である

以前、私が仕事上の必要性から、ワシントン大学でＭＢＡを取得したときのことです。

アメリカの大学や大学院では、大量の本や論文などの資料を読まされます。授業でケーススタディを行うなら、前の週に宿題が渡されるわけです。それに、授業はクラス全員が宿題を終えている前提なので、授業が始まれば、いきなり質疑応答が行われます。

教授は、丁寧に資料のことなど説明してくれません。黒板やホワイトボードに要点を書くようなこともしてくれません。本当に、いきなり質問から始まります。

そのため、前もって資料を読んでおかないと、授業にまったくついていけません。もしあらかじめ読んで来ていない生徒がいたら、冷たい視線が、先生からのみならずクラス全体から注がれ、「君は今日発言しなくていい」とか、「帰ってもいいよ」などと言われてしまいます。

そんなわけで、学生たちはただでさえ忙しい。しかも、そういったクラスを3、4つ同時に受けていると、膨大な資料を毎日のように読まなければなりません。一つひとつ丁寧に読んでいても時間が足りないので、何らかの〝速読術〟を身につける必要があるのです。

そこで、当時のTA（Teaching Assistant）の人に速読法を教わりました。まとめるとこうなります。

・一つの本を最初から最後まで読む時間がない場合、最初の章と最後の章だけを読め（真ん中の章を読まなくても、本の主題は分かるはず）。

・一つの章をちゃんと読む時間がない場合、最初の段落と最後の段落だけを読め（それだけでも、その章に何が書いてあるかが分かるはず）。

・一つの段落を丁寧に読む時間がない場合、最初の文だけを読め（ほとんどの場合、最初の文に、その段落のエッセンスが書かれている）。

この手法が優れているのは、途中で疲れてしまったり、時間がなくなってしまった場合でも、なんとかなってしまう点です。私自身、この手法を教わってからは、授業の予習がとても効率よくできるようになりました。

インプットするには、本やニュース記事、ブログなどに目を通すことが有効ですが、も

しそういった文章を斜め読みしたいときは、段落の先頭を読んでいけばいいはずなのです。
書き手が一番伝えたい文章が、ここに書いてあるはずだからです。

これは速読法であると同時に、文章を書く側が意識すべきポイントでもあります。読む人は、必ずしも一文字一文字丁寧に読んでくれるわけではありません。有料メルマガや書籍であれば、「お金を払う」というステップを踏んでいますから、基本的には丁寧に読んでもらえる可能性が高くなります。しかし、ブログなどの無料で読める媒体やコンテンツであれば、なかなかそうもいきません。

「段落の最初しか読まれないかもしれない」という状況を想定すると、なるべく内容を早く伝えてあげる必要があります。ですから、一番ベーシックな方法は、段落の先頭に、その段落で伝えたいトピックを持ってくることです。

また、ブログが更新されたら必ずチェックしてくれる愛読者ならいいですが、一見さんの場合はだいたいタイトルと最初の文章だけを見て、読み続けるかどうかを判断します。そうすると、タイトルや最初の段落でいかに読者を引きつけるか、このポイントも重要になってくるでしょう。

同時に、「一つの段落で伝えたいことは一つに絞る」のが鉄則です。あまり詰め込みすぎても逆に伝わりません。あれもこれもと書いても、読者の頭には残りづらい。せっかく発信しても、読者の頭に残らなければよいアウトプットとは言えません。「ワンパラグラフ、ワントピック」。これを心がけましょう。

気をつけたいのが「あれ・これ・それ」といった指示語の多用です。

文章中の「あれ」がどこにかかっているのか。書いている方はわかっていても、読者からすると混乱のもとになります。現代文の授業ではないのですから、読み解かせるようなことをしては斜め読みもしづらく、なにより読者に不親切です。

これを踏まえて読みやすい文章作り、つまり、斜め読みしやすい文章作りを意識してみましょう。

常に正しい情報リテラシーを持ち続けるために

アップルは、毎年9月に新型iPhoneを発表していますが、新型iPhoneの発売前ともなると、多くの予測記事がリリースされます。このような記事をもとにブログを書いてみる人もいるでしょう。

私は、この手のニュースを読んでメルマガに記事を書くということは、あまりしません。そのかわり、「その記事がどこからの情報に基づいて書かれたのか」を調べ、可能なかぎり情報源をさかのぼってみるようにしています。

たとえば、ビジネス系の記事に新型iPhoneに関するリーク情報の記事が書いてあったとします。そのビジネスニュースサイトは、「Mac Rumors（マックの噂）」というアップル社製品に関する記事をよく書いているサイトから引用していました。そのMac Rumorsがソースとしていた記事は、もともと中国のブロガーによるものでした。このように情報源をたどっていくと、その中国人ブロガーが書いていた内容、つまり、一次情報に触れることができます。

テーマによっては、論文を読むこともあります。新たなテクノロジーなどの発表があった際、ビジネスニュースサイトの要約記事で終わるのではなく、情報源をたどっていくと、論文までたどり着くことができます。

どちらも時間はかかりますが、できるだけ一次情報に触れ、そこから私なりに膨らませて書くということを、わりと丁寧にしています。もちろんその分手間はかかりますが、一次情報や論文まで読む人は少ないため、これが差別化戦略となり、私独自のコンテンツになってくるのです。

具体的なさかのぼり方は、一にも二にも「ググる」ことです。

きちんとしたニュースサイトや個人のブログなどであっても、引用のルールを守っていると基本的にリンクが張ってあります。元ネタのリンクが張ってあればどんどんさかのぼっていけばいいですし、リンクがない場合でも、いろいろキーワードを打ち込んだりして検索していきます。実際、私も何度もググっています。

わりと多いケースが、情報源をさかのぼっていくと、事実誤認が生まれていること。記事を要約したり、情報を切り取る際、途中で情報が変わってしまうことは少なくありません。翻訳ミスもあります。語学力の問題もありますが、専門的な技術に関するトピックにもかかわらず、技術者ではなく単に英語が得意な人が翻訳してしまうと誤訳が生まれやすいのは、火を見るより明らかです。誰かが本来なかった情報をつけ加えた部分が、あたかも真実としてフィーチャーされてしまうこともあります。まるで伝言ゲームのようです。

また、いわゆる「専門家」と呼ばれる人も、きちんと理解していないことがあります。先にもお話しした通り、私は、仮想通貨についてかなり調べました。調べていて思ったのは、「専門的に書いている人の記事を読んでも、すとんと腹落ちしない」ということ。なんだか変だなとは思いましたが、当時はビットコインを購入してもいなかったので当事者でもなく、熱心に勉強するほどのモチベーションもなかったので、まあしょうがないか、くらいに思っていたのです。

ところが、実際にビットコインを購入し、当事者意識を持ってからもう一度しっかりと調べてみると、私が理解できなかった記事自体、完全な誤りだったことがわかったのです。それでは、理解できるわけがありません。

ビットコインを始めとする仮想通貨の世界は、ブロックチェーンという新たな技術や、金融というジャンルも手伝って、多くの人にとってとっつきにくく、そのため、業界全体が裸の王様になっていました。その結果、トンチンカンな解説記事が生まれ、しかもそのまま放置されてしまっていたというわけです。

ビットコインにかかわらず、実はアウトプットする側の人間が表面的なことしかわかっていないで書いているケースは多々あります。そういった情報に限って、ググったときにアクセスランキングの上位にあったりするからやっかいです。

大手マスコミだからといって、彼らが発信する情報を100%鵜呑みにすることは避けてください。国民紙と呼ばれる新聞でも、間違えることはあります。そもそも、浅い知識しか持たない記者が記事を書いていることもあるのです。業界関係者からすると「そんなわけないでしょ！　こんな記事、誰が信じるの？」という内容でも、意外と読み手は信じてしまうものです。

新聞やニュースサイトにおいて、日米で大きな違いがあります。その一つに、「記者の署名の有無」があります。署名があると、下手なことは書けなくなります。マスコミは大きな影響力を持っている分、誤った内容を報道すると一発で記者生命が終わってしまうリスクを抱えています。だからこそしっかりと裏を取れている、エビデンスの明確な記事が求められるのです。

私が常々、「ブログは実名で書きなさい」と言っている理由の一つもこのためです。パーソナルブランドを高めるのももちろんですが、自分に良い意味でプレッシャーをかけることができるからです。偽名であれば、ろくでもないことだって書けてしまうのです。

アメリカの新聞社には、良い悪いは別として、各社に「クセ」があります。新聞社のオーナーが特定の主義主張を持っているのです。保守的なのか、はたまた革新的なのか。

いずれにせよ、その新聞の記事構成はオーナーの意志に沿ったものになっており、特に大統領選挙シーズンともなると、新聞社として民主党・共和党のどちらを支持するのかというスタンスがはっきりとします。

読者もそのスタンスを理解したうえで選んでいるのですが、一方で、日本は「公正中立」という建前があるからこそ、かえって混乱を招いてしまう可能性があります。

たとえば、朝日新聞は政権に対して批判的なポジションですし、読売新聞は逆に政権に近いポジションです。ですから、事実と意見と憶測とがごちゃまぜになってしまう可能性もあります。

メディアリテラシーの身につけ方としては、さまざまなメディアに深く踏み込んでインプットすることにつきます。特に、自分でアウトプットするためにインプットする際には、なるだけさかのぼって情報を得るようにしましょう。可能であれば、一次情報をつかみたいもの。なるべく、人が介するプロセスが少なく、誤認や他の人のバイアスがかかっていない情報をもとに発信していくことをおすすめします。

chapter 3

「書く」を深めて自分をプロデュースする

メディアの構成は「東洋経済オンライン」に学べ

「中島さんはどんなメディアから情報を得ているのですか？」もはやＦＡＱと言えるほど、よく受ける質問です。

まず、紙の新聞は読みません。ウェブ版の新聞はたまに読むことがあります。しかし、日本経済新聞の電子版である「日経電子版」の記事は読まなくなりました。記事のクオリティうんぬんの前に、ＵＩが良くないからです。

日経電子版は会員制を導入しており、すべての記事を楽しむには会員登録が必要です。無料で読める記事もたくさんあるのですが、全文読むには無料会員への登録は必須ですし、ログイン状態でないと最後まで読めません。しょっちゅうアクセスするわけではないので、たまに見ようとするとログイン画面が表示されてしまいます。これが煩わしくなって、日経電子版はすっかり読まなくなってしまいました。

同じウェブニュースでも、私が注目しているのが「東洋経済オンライン」です。東洋経済新報社が運営するビジネスニュースサイトですが、まず記事のクオリティがかなり高い。

たとえば、世間を賑わす事件が起きた際、報道各社はいっせいにニュースを報じますが、事実を淡々と伝えるストレートニュースが中心です。一方、東洋経済オンラインは、一味違います。たとえば、企業の大きなM&Aが行われたとすれば、買収の先にある両社の狙いや懸念点などはもちろん、時系列的な分析や丁寧な解説を加えるなど、一歩も二歩も踏み込んだ報道を行っているのです。

その証拠に、東洋経済オンラインの記事のタイトルには、「理由・事実・実態・全容・真相・真意・背景・末路・顛末・奇妙な関係」といったワードがずらりと並んでいます。

一つの記事が複数ページに分割されてはいるものの、会員登録は一切不要、無料ですべてのコンテンツを読むことができます。東洋経済オンラインの発表によると、2018年5月の総PV数は3億8000万を超えているそうです。ビジネスニュースサイトで不動の地位を築いた背景には、読みやすさや記事のクオリティの高さがあることは言うまでもありません。

一方、大手新聞社のニュースサイトを見てみると、ワールドカップでも水害でもいいのですが、似たような記事が並んでいることがわかります。

独自に取材した記事であれば多少は差別化が図られていますが、多くの場合、共同通信社や時事通信社といった、通信社から提供された「共通の」ニュース記事が中心です。タイトルに多少の差はあっても、結局は大差ないストレートニュースを右から左へ流している光景がよく見られます。

本来ならば、ストレートニュースのみならず、新聞社独自の見解を加えるべきでしょう。それが読者の求めることだからです。また、大麻解禁の是非など賛否が分かれるテーマであれば、賛成派と反対派の両方のコメントを載せることなども有効です。しかし、まだまだ「言われてみれば当たり前」のことができていないのです。

これができている東洋経済オンラインは多くのPVを集めていますし、今後は踏み込んだ報道ができないのであれば、大手の新聞社であっても消えていく存在となってしまうでしょう。大手新聞社だからといって、あぐらをかいている余裕はないのです。

ここまでお伝えしてきた内容は、何も新聞社や大手のニュースサイトに限った話ではありません。あなたがアウトプットする際にも、「東洋経済オンライン」のような打ち出し方は非常に有効です。そこには、あなたにしか出せない価値があるからです。

規模のあるニュースサイトのように、多くのテーマについて網羅する必要はありません(というか、まずできません)。たとえば、私であれば、サッカーに関する話題は門外漢です。しかし、プログラミングであったり、マイクロソフトやアップルといったソフトウェア業界の動き、自動車業界、VR業界などの分野に関しては語れることが多々あります。

そのおかげで、そういった分析を掲載している私のメルマガには、多くの読者が登録してくれています。同様に、あなただからこそできる解説には、必ず需要があるのです。

たとえば建築士の人であれば、災害が起きたときに、建物の耐久性について専門家目線で語れることが多くあるでしょう。

保育士であれば、待機児童問題や保育園の新設などの報道があったときに、リアリティを持ってアウトプットすることができます。

たとえ専門性がなかったとしても、ブラック企業に勤めるサラリーマン、過疎地に住んでいる人など、当事者だからこそ、その当事者に興味を持つ人に向けて発信できる内容があるはずです。

私のように有料メルマガで収入を得ることは短期間ではなかなか厳しいかもしれませんが、無料で閲覧できるブログやＳＮＳであれば、多くのＰＶが見込めます。ひいては、あなたのパーソナルブランドの確立につながるのです。

アウトプットをする際、一番多い悩みは、「何を書いたらいいかわからない」ことだと思います。自分が得意とする分野や、自分が携わってきた分野のニュースに関して、コメントを丁寧につけていくというのはかなり有効な方法です。ツイッターやフェイスブック、ブログやNewsPicksのコメント欄など、アウトプットの場はたくさん用意されています。

新聞やテレビのように、ストレートニュースを右から左へ流すのか。それとも、東洋経済オンラインのように独自の目線を入れてアウトプットするのか。あなたはどちらを選びますか？

私の初期のブログからわかること

私が現在のブログ「Life is beautiful」を始めたのは、2004年のことでした。それまで家族でシアトルに住んでいたのですが、息子の進学の都合により、私以外、日本に戻ることになったのです。私は現地での仕事がありましたから、いわゆる単身赴任の身となりました。

前作『なぜ、あなたの仕事は終わらないのか』が出版されることになったのはこのブログでのアウトプットがきっかけでしたし、多くの読者にメルマガを購読してもらっているのもブログがあったからこそ。**私の「永遠のパソコン少年」としてのブランドの確立に大**

きく役立ったブログですが、実は当初は「私の生存確認用」としてスタートしたものでした。

家族に毎日電話するのも大変です。しかし、シアトルに一人残った私がちゃんと生活しているということは伝えたかったので、ブログを通じて家族に日々の出来事を発信していたのです。家族向けの私信ですから、「今日は何を作って食べた」といった他愛もないことを書いていました。当時は、ブログという新しいメディアが立ち上がったばかりで、ブログを始めることが仕事にも役立つと思って始めた部分もあるものの、やはり家族通信がメインだったのです。

せっかくブログをやっているので、ネタ探しに奔走したこともありました。その際は、日常で感じるふとした疑問、たとえば「ツッコミどころ満載の道路標識」の画像を撮影してアップしたりもしました（http://satoshi.blogs.com/life/2004/01/post_1.html）。

その後もさまざまなことをテーマにして書いてきたのですが、たまたま書いた「日本語とオブジェクト指向」という記事が、現在の言葉で言うと「バズ」りました。当時、株式会社はてなのＣＴＯだった伊藤直也さんがブックマークしてくれ、それが、はてなブログの「人気エントリー」に入ったために、多くの人の目に留まったのです。アウトプットから14年たった今でも、新規のコメントが寄せられているほどです。

http://satoshi.blogs.com/life/2004/09/post.html

この記事が大きなきっかけとなり、身内だけでなく多くの人が読んでくれるようになりました。はてなブックマークの数は私にとってとても良い指標になり、ブックマークを稼ぐことをゴールに、ブログを書いていた時期もありました。

それがすごく楽しくて、だんだんと「人に読まれるためにはどういう書き方をしたらいいのか」「どんなタイトルなら多くの人に読んでもらえるか」などを試していくことになります。そうこうしているうちに、読者もあっという間に1万人を超え、いつの間にか私は「アルファブロガー」と呼ばれるようになりました。

その間に、自然と読まれる文章を書くトレーニングを積むことができていました。ここで培ったノウハウは、プラットフォームやツールが変わっても普遍的なもので、現在でも私の血肉となっています。

中でも、私がブログを長年書くことによって得たものの一つが、「セルフプロデュース能力」です。

ブログには、従来型のジャーナリズムと根本的に違う部分があります。それは、書く内容の決定、編集、デザイン、配布などをすべて自分自身で行う必要があるという点です（だから、ブログのことをパーソナルジャーナリズムと呼ぶのです）。

たとえば、今読んでもらっているこの本ができ上がるには、私という著者のほかに、編集者やライター、デザイナーや校閲者たちが関わっています。テレビ番組であればさらにスタッフの数が多くなります。企画やキャスティングを行うプロデューサー、現場で指揮をとったり編集を行うディレクター、ディレクターをサポートするアシスタントディレクター（AD）、カメラマン……。挙げればキリがないほど多くの人が携わっています。

当然ですが、個人がブログなどを始める際、編集者もプロデューサーもいません。あなたは、記者や筆者としての役割だけでなく、プロデューサー（もしくは編集者）の役割も果たさなければならない。しかし、これがけっこう難しいのです。

プロデューサーの役割は、大まかに言えばこういうことだと思います。

（1）対象となる読者層を決める
（2）その人たちに喜んでもらえるトピックを選ぶ
（3）そのトピックを書くのに適した筆者を選ぶ
（4）必要なサポートを提供する
（5）筆者のモチベーションを高め、締め切り以内に書かせる
（6）筆者が書いた文章がより多くの人に読まれるための工夫をする

ブログの場合、（3）の「筆者選び」の部分は自分なので、「自分にはどんなトピックが書けるのか」「そのトピックはどんな読者に喜んでもらえるのか」と遡って考えなければならない点が少し異なりますが、基本的には同じような思考プロセスで、自分自身でブロ

グをプロデュースしなければならないのです。

私はブログを毎日のように書き続けているうちに、自然に「対象となる読者を意識する」だとか「その人たちに喜んでもらえるトピックを選択する」などの工夫を行うようになっていったのだと思います。

改めて、ブログを始めた当初の自分と比べてみると、プロデュース能力の差は明らかだと感じます。プロデュース能力について気づくようになったのは、ブログを始めて3、4年くらい後だったでしょうか。しかし、私は意識していない状態でしたから、プロデュース能力を意識すればもっと早く身についていくでしょう。

思い返してみれば、私は10年くらいブログを書いていて身につけた手法ですが、だからといってあなたも同じように10年かかるわけではありません。このへんは、職人などとはわけが違います。そして、そのヒントは、この本の随所に散りばめられているのです。

アウトプット実践編。200字で解説してみよう

第1章で、文章は「情報を伝えるためのツール」にすぎないとお伝えしました。そして、この事実を知ったときに、これまで持っていた文章への苦手意識がものの見事に消えていったともお伝えしました。

それでも苦手意識がある人もいるでしょう。自分の書いた文章を「正しく理解してもらえないのではないか」と不安に思っている方も多いと思いますが、これは練習によって克服することが十分に可能です。そこで、ここからは実際にアウトプットの練習をしていきましょう。

全国の小・中学校では、今なお読書感想文を書かせているようですが、**良い読書感想文として求められる感情や情緒の伝達というのは、高度なテクニックです。**文章がうまくなるには、いったんそれらを排除し、「情報（事実）の伝達」に絞ってトレーニングすべきです。

つまり、小学校の国語の授業であれば、小説を読んで読書感想文を書くのではなく、たとえば、「ランドセルとは何か」ということを、一度もランドセルを見たことがない人に200字以内で説明させるような課題を与えるべきでしょう。

本来であれば、こういった形の作文の授業を続けていれば、「文章とはものごとを簡潔に、わかりやすく伝えるためにあるものだ」ということを直感的に理解してもらえるし、本当の意味での文章力が養えたのです。

にも関わらず、今の教育は「ランドセルをテーマにした詩や文章を書きましょう」といった高度なことを、簡単な説明文すらまだ書くことのできない子どもたちに要求するため、大半の子どもたちは「何を書いたらいいかわからない」という部分で行き詰まってしまい、結果的に（私のように）何も得られない不毛な国語の時間を過ごすことになってしまうのです。

これは子どものみならず、大人にも言えることです。アウトプットとして書評ブログをやろうとしている人は、この弊害が出て、踏みとどまってしまうかもしれません。

そこで、試しに、「ランドセル」をテーマにしてみましょう。まずは、良くない例から。〝文学的〟であることを期待されている文章を私なりに書いてみると、次のようになります。

角を曲がると、その先に小学生が6、7人固まって歩いているのが見えた。ランドセルが背中の半分以上を覆い隠しているため、まるでランドセルから足が生えているようだ。だらしない歩き方をしているため、時々ランドセルの一つが車道にはみ出す。私はその度にハラハラしてしまうのだが、だからといって注意する勇気はない。

この手の文章は、客観的に評価するのが非常に難しくなってしまいます。「足が生えたランドセル」という表現を滑稽と感じる人もいれば、「文学的に見せようとしていてあざとい」と感じる人もいるからです。この手の文章は、書くのが難しいだけでなく、読者にとっても評価が分かれる（教師にとっても採点するのが難しい）、教材としてまったく不適切なものなのです。ところが、こういった文章ではどうでしょうか。

ランドセルとは、日本の小学生が教科書、ノート、筆箱などを入れて背負う革製のカバンである。重い教科書が入った肩掛けカバンや手提げ鞄を成長期の子どもたちが持ち歩くと、背中が曲がるなどの成長障害につながるため、両肩に均等に重さがかかるように設計されている。祖父母が孫の入学祝いに贈るのが慣例となっている。

こんな説明文であれば、「成長障害につながるため」ではなく「成長障害につながる可能性がある」の方が正確だ、同じく両肩にかけるリュックサック・ナップザックとの違いがわからない、2番目の文の主語（ランドセルは）の省略はちょっと冒険だけど、あいまいさはないので悪くない、などの客観的な評価が簡単にできるのです。

本来であれば、小・中学校での国語教育で、まずはこのレベルの感情が入らない説明文の書き方を徹底的に鍛えるべきでした。そして、ある程度それができるようになってから、(中学の高学年、もしくは高校から)初めて自分の意見が入る文章を書かせれば良いと思います。何度も言うように、今現在、文章に対する苦手意識を持っている大人にも同じことが言えます。

さらに付け加えると、自分の意見を込める文章として、読書感想文は向かない題材だと私は思います。「はっきりした目的」がないからです。あえて言えば「教師から良い評価を得ること」が目的ですが、それでは評価の基準が曖昧すぎて、「いかにも優等生の中学生が書きそうな感想を書こう」という本末転倒なことになってしまいます。

たとえば、先のランドセルの例を拡張して「高学年になるとランドセルを使わなくなる子どもたちがいることを問題視し、少なくとも小学校を卒業するまではランドセルを使うべきだ」というメッセージを含んだ説得力のある文章にするにはどうしたらいいのか、といった練習をした方が、文章力もつくし、世の中に出てから役立つのです。

さて、ここでワークです。これまで一度もランドセルを見たことがない人に向けて「ランドセルとは何か？」というテーマで、２００字以内でまとめてみましょう。

中島式 超・文体修行

文章がうまくなるための方法として、〝読みにくい文章にあえて触れてみる〟ということがあります。

つい20年前まで、悪い文章に出合う機会はそうそうありませんでした。本や国語教材として選ばれるものは、文法などが整ったものばかりだからです。しかし、インターネットとPCやスマホさえあれば、誰でも手軽にアウトプットできるようになった今、良くも悪くもいろいろな文章に出合うことができます。やたら長かったり、専門用語が頻繁に出てきたり、文章を書いている自分に酔っていたり、不必要な要素まで入っていたり……。

そうやって、読みづらい文章に出会う可能性は高いわけですが、そんなときには、「なぜこの文章はわかりにくいのだろう？」と考えてみるクセをつけるのが文章上達の秘訣です。

さらに、「自分だったらこう書く」と自分なりにリライトしてみるのは、もっと良い勉強になります。他人にわかりやすく説明するには、自分がちゃんと理解していなければいけません。つまり、文章力や表現力だけでなく、理解力が鍛えられるのです。**自分がちゃんと理解できていない人に限って、「わかりにくい文章」を書くのです。**

中でも、私がすすめているのがウィキペディアのリライト作業です。ウィキペディアはインターネットの集合知とも言うべき存在で、これを情報ソースとしている人も多くいます。オープンソース、つまり「自由に編集に参加できる」ということがメリットである一方、それが悪い方向に進んでしまっていることも珍しくありません。

具体的に言えば、用語の定義が間違っていたりすることは多くあるのです。それでも、正しい知識を持っている人が編集してくれることもあるのですが、すべてがそうとはかぎりません。

論より証拠ということで、ためしに私の興味のある分野で、ウィキペディアに書かれている「疑似科学」「仮想通貨」「バーチャル・リアリティ」の冒頭（2018年8月20日現在）を一緒にリライトしてみたいと思います。

◆疑似科学

〈ウィキペディア〉

疑似科学とは、表面だけの科学や、誤った科学のことであり、科学的方法に基づいていると誤って考えられたり、あるいは科学的事実だと（間違って）位置づけられた、一連の信念のことである。

これを私がリライトしてみると、こうなります。

〈私のリライト〉

疑似科学とは、表向きだけは科学に見えるように作られてはいるものの、実際には科学に基づくとは言えない、信念や行動のことである。「エセ科学」とも呼ばれる。科学技術の発展した現代でも、疑似科学を利用した消費者を騙す商法が多発しており、社会問題となっている。

まず、「疑似科学＝誤った科学」という定義づけから間違っています。疑似科学とは、人を騙すために作られたものであり、単なる間違いではないのです。

また、疑似科学は人を騙すことが目的なので、「科学的事実だと位置付けられた一連の信念」のようなものではありません。エセ科学により騙された結果、「科学的事実だと勘違いしてしまう被害者」が生まれるだけなのです。

もとの説明には、疑似科学には必ず騙す人、騙される人がいる、という観点が抜けていました。

◆仮想通貨

〈ウィキペディア〉

仮想通貨は、デジタル通貨の一種で、開発者によって発行され、通常は管理され、特定の仮想コミュニティのメンバー間で使用され、受け入れられているものを指す。中央銀行などの国家主体が発行せず、規制が及ばない通貨としての性質が強調される用法もあるが、定義によっては、中央銀行などによる仮想通貨の発行は必ずしも排除されない。また、仮想通貨に対して、国家等が規制を及ぼす動きも進んでいる。

米国財務省の局である金融犯罪執行機関連絡室（FinCEN）は、２０１３年に発表されたガイダンスで仮想通貨を定義している。欧州銀行当局は、２０１４年に仮想通貨を「中央銀行または公的機関によって発行されたものでも、決済通貨にも付随するものでもなく、支払手段として自然人または法人によって受け入れられ、電子的に譲渡、保管または取引される価値のデジタルな表現」と定義した。対照的に、中央銀行によって発行されるデジタル通貨は、「中央銀行のデジタル通貨」として定義される。

一般に、ビットコインやオルトコインなどは、英語圏ではCryptocurrency（暗号通貨）と括られるのに対し、日本では、資金決済に関する法律において「仮想通貨」の定義が導入されたことにより、仮想通貨と呼ばれる。……（以下省略）

〈私のリライト〉

仮想通貨は、デジタル通貨の一種で、暗号技術を活用することにより、中央銀行などの発行母体の存在なしに、コミュニティ間で所有・交換する事が可能な通貨である。「暗号通貨」とも呼ばれる。特定の国に管理されない国際通貨としての役割を期待されていたが、現在では投機の対象になって値段が乱高下しており、通貨としての役割は果たせなくなっている。

ウィキペディア版を見て「長くて読む気がしない……」と思った人がほとんどだと思います。そのとおりで、この文章は第一に、要約として長すぎます。要約とは「仮想通貨とは何か」を素早く把握したい人たちのためにあるもの。ここでは国の規制の話は不要です。同様に、なぜ日本では暗号通貨ではなく仮想通貨と呼ばれるかの説明も不要です。

これだけ長いにもかかわらず、「当初は国際通貨としての役割が期待されていたのに、投機の対象となってしまった」という、仮想通貨についてもっとも重要な情報が抜けていたので、つけ足しました。

要約を読む人が何を望んでいて、何を書き、何を省くべきかが考慮されていない、反面教師としての良い例でした。

◆バーチャル・リアリティ

〈ウィキペディア〉

バーチャル・リアリティとは、現物・実物（オリジナル）ではないが機能としての本質は同じであるような環境を、ユーザの五感を含む感覚を刺激することにより理工学的に作り出す技術およびその体系。略語としてVRとも。日本語では「人工現実感」あるいは「仮想現実」と訳される。古くは小説や絵画、演劇やテレビなども、程度の差こそあれVRとしての機能を有している。

〈私のリライト〉
バーチャル・リアリティ（VR、仮想現実）とは、ユーザーの五感を刺激することにより、特定の体験を人工的に作り出す技術のことである。従来は、フライトシミュレータや遊園地のアトラクションとして活用されていたが、モーションセンサーつきのヘッドマウントディスプレイ（VRゴーグル）が商品化されて以来、一般家庭にも普及が始まっている。

バーチャル・リアリティの要約は、他の二つと比べてそれほど悪くはありませんでしたが、表現を少し変えてわかりやすくしてみました。また、VRの代表的なデバイスであるVRゴーグルの記述を加えることにより、この要約を読んだ人が、頭の中にイメージを浮かべられるようにしています。

いかがでしたか？　実はこのワーク、文章力だけでなく、読解力も鍛えることができるのです。

文章力は、文学作品を読んでそれを解説させたり、感想文を書かせたりしても思うように伸びません。むしろ、日常見かける説明文を例文として取り上げ、どこに問題があるか、どう直したら良いか、それを考えることがとても良い頭の体操になるし、文章力の向上に直接的につながると私は思います。

今であれば、ウィキペディアの解説文が豊富に手に入るので、それを題材に、「短くまとめる」「改良する」などを繰り返しやってみるのは、アウトプットするうえでとても良い訓練になると思います。ぜひ、あなたがブログに書きたいジャンルで続けてみてください。

ビジネスメールや文書はこう書く

多くの人が盛んに使っているコミュニケーションに「メール」があります。私がメールでのコミュニケーションについて学んだのは、マイクロソフトの本社においてでした。

特に、スティーブ・バルマーとのエピソードは感動すら覚えたほどです。バルマーは、1998年にマイクロソフトの社長に就任、2000年にはビル・ゲイツから最高経営責任者を引き継いだ人物です。アメリカでも屈指のエグゼクティブであり、当時から常に時間に追われているような人物でした。

当時の私といえば、名もなき一プログラマー。彼は、そんな私のメールですら読んでくれていました。私のメールをチェックしているということは、マイクロソフト社内の社員のメールをほぼ全部チェックしていることになります。当時からマイクロソフトは何万人という規模の従業員がいました。外部からのメールを合わせたら、その確認や返信だけで1日の大半が終わってもおかしくないような状況ですが、彼はきちんとチェックしてくれていたのです。

そんな状況のなか、彼は返信してくれました。もちろん、ダラダラと返信していると時間がいくらあっても足りません。ですから、メールの文面は極端に短い。

私が一番感動したメールが、スティーブにちょっと複雑なことを頼んだときのことです。当時の私は、他のグループにやってもらいたいことがありました。そのグループに私が直接お願いしてもらちが明かない状況だったので、スティーブに「仲介してほしい」という旨をメールしたのです。そのメールを読んでもらえるのかすらわからない状況でしたが、とにかく返事を待つしかありません。すると、しばらくしてから返信が来たのです。

そこには、二つの単語がアウトプットされていました。

Will do.

「了解です」や「任せて」といった意味で、「I will do.」を略したものです。

時間にすれば一瞬で終わってしまう返信。もしかしたら「なんだか冷たいな」と思われる方もいるかもしれません。しかし、これを受け取った私は、わざわざ返事をしてくれたこと、そして、その返事が肯定的だったことへの嬉しさに加え、強い衝撃を受けたのでした。

主語「I」が省略されているのはもちろん、通常あるべき署名もありません。今ではLINEやSlackによってチャットでのやり取りは日常的になりましたが、当時はメール全盛の時代。「一流の人はこんなメールの使い方をするのか……」とただただ、驚いたのでした。

文自体は異様に短いものの、即座に受け手に意味が伝わり、結果的に過不足のないコミュニケーションが取れている。こういうスタイルだからこそ、スティーブは何万人規模の会社を率いていても、一兵卒から来たメールに応えられるわけです。この返信の根本には、どのくらいの密度で社員とコミュニケーションしたいかという意識が表れているのです。

この出来事以来、私のメールの文面も自然とシンプルになってきました。メール相手との関係にもよりますが、メールに書く文面は基本的に用件だけ。

日本では「○○様」から始まりますが、ほとんどのメールにおいて、メッセージを伝えたい相手は明らかになっているので本来は不要。わざわざ「いつもお世話になっております」と書く必要もありません。英文メールであれば日本語で「よろしくお願いいたします」という意味の、「Best regards」や「Regards」を書くことはありますが、無駄なものはなるべく省き、コミュニケーションの密度を高めるようにしています。

さすがに、初回のメールへの返信として「Hi」は使いますが、その後のやり取りとなると、もはやチャットレベルの短さです。

先日もスウェーデンの知り合いがシアトルに来ていて「金曜日まで（シアトルに）いるけど会えない？」というメールが来ました。私の返事はというと、「Yes, How about Thursday morning?」（いいね。木曜日の朝はどう？）。彼からの返信は「Great」という、ものすごくシンプルなやり取りでした。彼とはフランクなトークができる間柄ですが、これが日本でのやり取りとなると、「場所はどちらがご都合よろしいでしょうか？」などと書いてしまいがちです。

最近ではチャット系のアプリが普及し、コミュニケーションの密度は高くなりました。

私も、Slackでやり取りすることが増えています。メールでは後から人を追加しづらいこともあり、長く続くプロジェクトなどでは活用していますし、中国人が相手の場合は「We Chat」を使うことも。「カカオトークでお願いします」と言われた人とはカカオトークでやり取りしています。このように、相手に合わせてチャットアプリを使い分けています。

コミュニケーションの特性でいえば、日本発と言える「絵文字」は面白い文化だと思っています。アメリカにいるとよく感じますが、アメリカ人は自分の意見をはっきりと伝える傾向にあります。対して、日本人の傾向として、はっきりと意見を言うことが苦手。少し面倒な作業をお願いするときも、遊びの誘いを断るときも、「今日は行けない」ではなく「今日はちょっと難しい」などと行間を読ませようとしたり、ニュアンスで伝えがちです。そんなとき、非常に役に立つのが絵文字です。汗を書いている表情や泣いている表情などは、「申し訳ないと思っている」「本当は行きたいんだけど……」といったニュアンスを上手に伝えてくれます。

海外ではすでに日本語の「emoji」という単語が使われていて、日本発の文化が、今や

世界に広がりつつあります。さすがに、ビジネスの場面ではまだ使いづらい状況ですが、近いうちに絵文字を使ったコミュニケーションも当たり前になってくるのではないかと予想しています。フェイスブックのメッセンジャーやSlackなど、おもにビジネスで活用されるチャットアプリにもすでに導入されています。ビジネスシーンで盛んに使われる可能性もかなり高いと言えます。

今回は、返信の仕方をもとに、コミュニケーション特性の話題を取り上げてみました。アウトプットにおいても、この密度というものを意識しておいて損はないでしょう。

chapter 4

「話す」アウトプットで相手を一気にファンにする

私の考える「良い会話」とは

会話においてもっとも大切なことは、「相手の言っていることをきちんと聞く」こと、そして「聞いていることを明らかにする返事をする」ことです。

当たり前の話かもしれません。しかし、こんな当たり前のことができていない人が意外と多い。それは、世間的に「コミュニケーション上手」と思われている人であっても当てはまります。

何しろ、国民的報道番組の元メインキャスターでさえ、会話の基本を押さえられていなかったのです。具体的な個人名は伏せますが……。番組内で、そのキャスターが、専門家やアスリート、事件の関係者などにインタビューする企画が何度もありました。しかし、その聞く姿勢がどうも気になってしまうのです。

インタビューとはいえ、1対1の会話であることに違いはありません。会話は本来、こちらが質問をして、それに相手が答えたら「なるほど」や「そうですか」などと受け答えするのが常識です。しかし、彼の場合、そういった受け答えが一切ありません。驚くほどそっけなく、次の質問に行ってしまうのです。

本人としては、ちゃんと話を聞いているつもりなのでしょう。しかし、お茶の間の私ですらマズいと思っているのですから、現場のインタビュー相手はもっと思っていたはず。これでは聞いていないも同然ですし、インタビュー相手に対して、とても失礼だと感じました。

また、意外な答えが出てきたり、知らない情報が出てきたら、それをさらに深掘りするのがインタビューの基本。いや、むしろそれこそが人と人とのコミュニケーションであり、気持ちの良いコミュニケーションのはずです。よく「会話のキャッチボール」とたとえられますが、良いコミュニケーションとはこういったことを指すのです。反対に、禅問答のように聞きたいことだけ聞いて終わりというスタイルは、褒められたものではありません。

一方、「ニューステーション」でメインキャスターを務められていた久米宏さんは、このコミュニケーションがとても上手な方でした。インタビューでは、事前に質問を用意していくものです。テーマの方向性やおおまかな着地点などもあらかじめ決めていくのが基本です。だからこそ、先に触れたキャスターは淡々とインタビューを進めたのではないかと思うのですが、久米さんはそれでもインタビュー相手の話をきちんと聞いている姿勢が見られました。久米さんが聞きたいことを聞くために話題を変えるにしても、丁寧にワンクッション置くのです。

また、やや明確さに欠ける部分をきちんと詰めたり、適宜アドリブも入れながら、それでいて自分の聞きたいことは聞いていくスタイルでした。見ていてもとてもわかりやすく、とても心地よかったのです。私がこう思うのですから、インタビューされている側も話しやすかったはずです。

この話の「インタビュー」のノウハウは、「日常会話」にそっくり当てはめることができます。

聞きたいことが多すぎて、前のめりになってしまうこともあるでしょう。聞きたいことが多いと、その先が知りたくなるものです。しかし、いったん落ち着いて「わかります」や「そうなんですか？」などの一言でもよいので伝えることが大事なのです。

こちらが話そうとするのであれば、それ以上に相手の話を聞かないといけません。**ざっと、聞く：話す＝7：3くらいという目安を持っていたほうがいいでしょう。**

ここまでは最低限押さえておくべき会話の基礎編ですが、せっかくなので少し応用したものをご紹介しましょう。

これは知人と話していたときのことです。その人は、運転中に急な割り込みをされたそうです。かなり危なっかしいものだったらしく、私に「あの人はなんで、あんなことするんだろう……」と話しかけてきました。

この文章は、文字通りに取ると「なぜ、あの人は急に割り込んだんだろう？」という「Why」から始まる質問になります。「なぜなのか」と〝理由〟を聞かれたのだと考えた私は、

「たぶん、急いでいたんじゃないかな」と答えました。ところが、相手は何やら腑に落ちない表情です。

似たような経験をした人は多いと思いますが、私が求められていたのは、「なぜ割り込んだのか」という答えではありませんでした。「あの割り込みは許せない！」という怒りを〝共感〟してほしかったのです。ですから、私の答えは相手からすれば見当はずれ。私としては、状況をきちんと判断するためにも当時の混雑具合なども聞きたいところですが、正解は、「ほんと、ヒドいよね」なのです。

相手が何を求めているのか、きちんと見極めることもコミュニケーション能力の一つということです。

初対面の話題に天気はいらない

食事会やイベント会場など、初対面の方とコミュニケーションを取る機会がたまにあります。初対面の人との会話でよくあるのは、最近の時事ネタだったり、天気や気温を話題にすることでしょう。

私はというと、形式的な挨拶は省き、いきなり「その人がふだん何をしているのか」、「どういう仕事をしているのか」といった部分から聞くようにしています。これは、なるべく早いうちに相手がハマっていることを聞き出し、それと同時に自分がハマっている対象もいち早く伝えることで、会話に意味を持たせたいからです。

誰でもそうですが、突っつくといくらでも出てくる「話題のツボ」があります。話し下手と言われる人でも、承認欲求がありますから、自分がハマっている趣味や分野に関しては話題が出てくるものです。私は、初対面の人のそんなポイントを極めて素早く突っつくようにしています。

そのポイントは、黙っていてわかるものではありません。話してもらわないとわからないのです。その話題を振ってさえいれば会話が盛り上がってビジネスや深いつき合いにつながったかもしれないのに、別れ際や、後から知ったりするのは非常にもったいない。だからこそ、とりあえず自分の好きなこと、そして相手の好きなことを話し合うというスタンスをとっています。要は、お互いしゃべりやすくなる環境を作っているのです。

普通、人間は興味のあることが複数の分野にまたがっているはずです。私だったらプログラミングやコンピューターの話だけでなく、テニスや料理の話など、ざっと10個くらいはあるわけです。そういうお互いの興味のあるところを披露しているうちに、マッチするものがあれば深掘りしていきます。

面白いのが、特に興味を持っていなかった話題でも、意外と盛り上がること。たとえば、先日、ある食事の席で医師の方と出会いました。彼は、バイオエンジニアリングについて研究している人ですが、その内容で話に花が咲きました。

私は基本的に理科系一般の話に興味がありますが、バイオ分野に関する興味はこれといってありませんでした。しかし、以前「市販されている薬がその人に合うかどうか、DNA検査によって調べることができる」という話を聞いたことがあったので、彼に投げかけてみたのです。すると彼は、DNA検査の話やその他のバイオテクノロジーの話を喜んで話してくれました。

さらに、「DNA検査をはじめ、最新テクノロジーの登場によって医学がものすごく進歩しているのに、当の医者があまり勉強していない」という医療現場の問題点まで打ち明けてくれたのです。何気ない会話がきっかけでしたが、私にとって勉強（インプット）になったのは言うまでもありません。

こうやって、会話が思わぬ方向に向かうことで、かえって盛り上がることも珍しくありません。だからこそ、自己紹介などの会話の早い段階で、まず「自分が深掘りできる話題」を出してみましょう。そして、相手が食いついてきたら躊躇なく、会話を展開していく。そんな会話こそが、良いインプット、ひいてはアウトプットにつながっていくのです。

人に話すことが最高のインプットになる

一般的に、「話すこと＝アウトプット」というイメージがあります。私はこれまで何度も講演で話してきましたが、多くの観客に私の話を聞いてもらうわけですから、この行為はアウトプットの最たるものと言えると思います。反対に、講演に参加している側からすれば、「一流と呼ばれる人たちの話を聞くこと＝最上のインプット」となるでしょう。

しかし、先日、この逆転現象が起きたのです。

2018年の5月、青山学院大学で、「シンギュラリティと自動運転車」というテーマで講演を行いました。以下、講演の要点を列挙します。

飛躍的な進歩を遂げている、ＡＩ（人工知能）技術。この進歩は、世の中にさまざまな変化をもたらします。

その中でも、自動運転車は人々のライフスタイルや街の姿を大きく変えるという意味でとても重要な役割を果たします。それは、90年代の中頃に普及し始めたインターネットによる世の中の変化が、２００７年のiPhoneの登場によって大きく加速したのと似ています。

自動運転技術は、もっとも進化しているテスラがようやく現在レベル３と言われる「条件つき自動運転」に達したところです。技術的には２０２０年ごろにレベル４「高度自動運転」、レベル５「完全自動運転」が実現されると予想されています。しかし、実際にそれが、インターネットにとってのiPhoneのように一般に普及し始めるのは、さらに先でしょう。

自動運転が一番難しいのは、一般道での中速運転（時速25キロから60キロ）で、歩行者や自転車による飛び出しなどに対処するのはまだまだ簡単ではありません。

さらに、Uberやテスラが起こした事故に対するメディアの否定的な反応は凄まじいものでした。こういった半ばヒステリックな反応を見てわかる通り、自動運転車は単に「人が運転するよりも安全」なレベルでは不十分。「人が運転するよりもはるかに安全」なレベルを実現しないかぎり、社会に受け入れられないでしょう。

その意味で、当面は街の一部に自動運転車用の専用車道や特区を設け、そこでは自動運転車のみ、つまり人、自転車、人間が運転する自動車とは交わらない形で導入していくのが理にかなっているし、現実的だと言えます。

ちなみに、「自動運転社会」とは、単に自動運転機能を持つ個々の車がバラバラに走っている社会ではなく、無数の自動運転車をインターネット上のAIが「群れ」として認識し、最適な配車サービスを行う社会です。その意味では、統制のとられた集団生活を行う「アリ」や「ハチ」の行動に似ています。

そんな自動運転サービスの普及により、事故は減り、渋滞がなくなり、街から駐車場スペースが消え、人々は移動中の時間に「運転」以外のより有意義なことを行うことができるようになります。

そういった時代の自動車は、当然ですが、「所有するもの」から「必要に応じて呼び出して、目的地へ届けてもらい、乗り捨てるもの」に変わります。ロボットタクシーや、自動運転Uberがそれにあたるでしょう。

ちなみに、人々が持つさまざまな移動手段のうち、タクシーが占めているのは（距離で換算して）わずか0・8％しかありません。市場規模にすると、約2兆円です。それに対して、自家用車による移動は60％。

自動運転サービスが置き換えるのは、0・8％のタクシー市場だけではなく、60％の自家用車市場なのです。そこを意識しないと、自動運転車が社会に与える実質的なインパクトの大きさは理解できません。

そんな時代になると、「自動車」というハードウェアはコモディティ化し、利益を上げることができるのは、顧客との直接のつながりを持つ「自動運転サービス」を提供する会社だけということになります。

つまり、既存の自動車メーカーにとっての最大のライバルはUberであり、グーグルから分社化した自動車メーカーのWaymoなのです。

このとてつもない変化は、これから20年くらいかけて着実に起こっていきますが、既存の自動車メーカーの経営陣は、「既存のビジネスからのキャッシュフローを維持しながら、来るべき変化に備え、(その既存のビジネスを破壊する)新しいビジネスに向けて積極的な先行投資をする」という非常に難しいかじ取りをしなければなりません。まさにクレイトン・クリステンセン氏の言う「イノベーションのジレンマ」です。

そんな自動運転サービスをスムーズに導入するためには、専用道路や専用ゾーンを作るなどの大規模なインフラ整備が必要で、東京のような大都市に導入するにはコストがかかりすぎます。

その意味では、いきなり都市部でサービスをスタートするよりも、はっきりとしたニーズがある場所(たとえば、老人が移動手段をなくしつつある日本の過疎地)に向けた小規模なサービス(最初は人が運転するバスでも良いと思います)を丁寧に立ち上げ、そこでノウハウを溜め込みながら、少しずつ市場を(自ら)切り崩していくのが賢い選択のように私には思えます。

この変化は、その大きさゆえに20年くらいかけてゆっくりと起こるでしょう。そのゆったりとしたスピードゆえに、既存の自動車メーカーは「ゆでガエル」状態に陥りやすいので注意が必要です。トップが常に危機感を持ち、明確なビジョンに向け、たゆまずメッセージをアウトプットする必要があります。

また、過去のインフラを抱える東京のような大都市も、その変化について行けずに、中国共産党の独断で作られたまったく新しいメガシティなどに大きな遅れをとってしまう可能性が高いと思います。遷都も含めた、大胆な政治決断が必要な時期が来ているように思えます。

講演の内容は以上でした。その後、質疑応答コーナーに移ったのですが、その際にとても活発なディスカッションができたのです。

私が講演のなかで、日本の過疎地向けの配車サービスについて話したときのことです。新たな配車サービスは、既存の路線バスのように、決められた停留所を回る方法ではなく、

「乗りたい」と思った人のもとへ向かう方法が良いと思いました。

ただし、そこには大きな懸念があります。それは、「乗客がどうやって自動運転車を呼び出すのか」ということです。スマホアプリという選択肢がすぐに思い浮かびますが、このサービスのメインユーザーは、自動車を運転しなくなった年配の方々。つまり、アプリで呼び出してもらうのは何かとハードルが高いのです。

私も、その最適解が見つからないままでした。講演の中でも、「スマホのインターフェイスが課題」だと指摘していたのですが、質疑応答コーナーで、ある参加者さんから「アマゾンダッシュボタンのようなデバイスを使って、ボタン一つで病院にまで連れて行ってくれるようにすれば良いのでは？」というアイデアが出たのです。

アマゾンダッシュボタンとは、左ページにある、アマゾンが提供するボタンつき専用デバイスのこと。日本であれば洗剤の「アタック」にはアタックの、「南アルプスの天然水」には南アルプスの天然水専用のアマゾンダッシュボタンがあり、注文したくなったら、ワンプッシュで注文が完了するデバイスです。高齢者向けに需要があるのは、「病院・スーパー・役所・健康センター」などでしょうから、それぞれのアマゾンダッシュボタンのよ

うなデバイスを用意すれば、懸念は解決します。この提案はとても秀逸だと思いました。

講演後に、懇親会にも参加したのですが、「福井県の鯖江市は、市長が高齢化に危機感を持ち、先進的なアイデアに耳を傾けてくれる。そんなサービスの実証実験をするには良いかもしれない」という意見もいただき、実際に鯖江市まで行って提案してみるのも悪くないと感じました。

このように、私の中で明確な答えが出ていなかったことも、講演会という公のアウトプットをしてみることで、思わぬ最適解、つまりインプットを得ることができたのです。私にとって、とても印象的な出来事となりました。

懇親会といえば、その後に行われる二次会には基本的に参加しません。これが懇親会ではなく、名刺交換会や何らかのパーティーでも同じですが、二次会へ行っても、大して得るものはないからです。代わりに、懇親会で話してみて、もうちょっとじっくりと深い話をしたいなと思ったり、その人と組んで何かプロジェクトを進めたいと思った人がいたら、声をかけてサシで二軒目に向かうようにしています。これならば、単にお酒が入って楽しいだけだったり、なかなか深い関係を築けない二次会よりもよっぽど有益なのです。

興味のある分野が同じ人との対話が思考のイノベーションを生む

人に話してみる（アウトプットする）ことで、思わぬインプットを得ることができる。もう一つ、その例をお話ししたいと思います。

以前、ホリエモンこと堀江貴文さんと対談したときのことです。

私自身が自動車メーカーをクライアントにして仕事をしていることもあり、「自動車業界に訪れている大変化」だとか「自動運転が実現されたときの社会のあり方」などは常日頃から考えていますし、メルマガなどを通じてもアウトプットしています。

「自動車メーカーが単なるメーカーのままでいては、コモディティ化してしまう」など、すでに明らかになってきたこともありますが、なかなかはっきりとした答えが見つからずに、モヤモヤとしている問題もあります。

その中の一つが、「シェアリング・エコノミーとパーソナルスペース」の両立でした。

人が自分の自家用車（ひと昔前の言い方をすれば、マイカー）を持つ理由はいろいろありますが、大きく分けると、次の4つになります。

- **財産になる**
- **ステータスシンボルになる**

・いつでも好きなときに使える
・パーソナルスペースを持てる

1番めの「財産になる」ですが、自動運転+シェアリング・エコノミーの時代になると、まったく意味をなさなくなることはおわかりいただけると思います。車の稼働率がケタ違いに高くなるため、シェアした方が一乗車あたりのコストは圧倒的に安くなるからです。そもそも、車検代や保険料、駐車場代や税金などを考えると今現在ですら財産と呼べるか怪しいものですが。

2番めの「ステータスシンボルになる」は人間の根源的な欲求に根ざしたものなので、ある程度は残ると思いますが、最終的には、現在でいう「競争馬を持てるくらいリッチだ」といった、象徴的なものになると思います。

3番めの「いつでも好きなときに使える」は便利さについての話ですが、すでにカーシェアリングサービスや（人間が運転する）Uberでさえ、自家用車よりも多くのシチュエーションにおいて便利なことが証明されています。自動運転＋クラウド配車の時代になれば、便利さにおいてもシェアした方が上回ることは明らかなのです。

私がモヤモヤしていたのは、4番めの「パーソナルスペースを持てる」についてでした。一人で自動運転車に乗ればプライバシーの問題は解決できるし、インフォテインメント（音楽やカーナビ）も技術でなんとかできます。しかし、みんなでシェアする以上、「不特定多数の人が座った、汚れていたりする可能性のあるシートに座らなければならない」という問題だけは解決しようがありません。私は、この答えをずっと探していたのです。

しかし、堀江さんが対談中にこう言いました。

「でも、もし自動運転車が普及していけば、でっかいバスみたいなのを作って、今のお年寄りとか障害者の優先席みたいな場所を作って、ワイヤレス充電のスポットみたいにして、そこにガチャンとパーソナルモビリティ（以降、ＰＭ）がつながるようにして……」

そう聞いたとたん、私の中でそれまでバラバラだったパズルが、一気に組み合わさったような感覚に包まれました。そして、私は「ひょっとしたら、ＰＭが普及したら、バスの中には椅子はいらないですよね。みんなが持ってるわけだからね」と続けることができたのです。

堀江さんはとても頭の回転が良いので、すぐに私が言っていることを理解してくれて、そのまま話が発展しましたが、実はここで、先述の「自動車のシェアリングにおけるパーソナルスペース問題」を解決するイノベーションのタネが生まれた、と私は感じました。

わかりやすく言えば、堀江さんの頭の中には「電気自動車の充電問題は、電気自動車の『入れ子』で解決できる」というアイデアがあり、それが私の頭の中にあった「自動車のシェアリングにおけるパーソナルスペース問題を解決したい」というモヤモヤ感と化学反応を起こして、「全員が（低速の）ＰＭで移動するようになり、そのままシェアリング自動車に乗り込めばパーソナル空間を提供できる」というイノベーションに結びついたのです。

ちなみに、ここで言うＰＭとは、低速で動く軽量の電動車椅子のようなもので、ホンダの「UNI-CUB」やアイシンの「ILY-A」のようなものをイメージしてもらえば良いと思います（もちろん、もっと車椅子っぽいものでも良いし、健康のために人力が必要なものもあって良いと思います）。

誰もがこんなPMを持っていて、かつ、それが自動運転車のシェアリング・ネットワークとつながっていれば、PMに行き先を入れるだけで、近いところであればPM自身が自動運転で連れて行ってくれるし、中距離以上であれば、より大きな自動運転車を呼び出してくれ、それにPMごと乗り込んで行き先（もしくは行き先の近く）まで連れて行ってくれるというわけです。

行き先を指定する際に、時間優先、値段優先、プライバシー優先などの指定ができるため、自分だけのプライベート空間がほしい人は「プライバシー優先」を指定すれば、一人乗りの小型の自動運転車を呼び出してくれて、自家用車と同じような「個人の空間」を持つことができるのです。

「全員がPMで移動する世界」というのはちょっと想像しづらいと思いますが、携帯電話が発明される前に「あらゆる人がポケットに電話を入れて歩く時代」が想像できなかったのと同じで、あまりにも斬新なアイデアは、今の社会やライフスタイルと違いすぎて、簡単には受け入れられないものです。

もちろん、この手の斬新なアイデアを実現するためには、数多くの障害を乗り越える必要があります。「そんなものは必要ない」「そんなものはSFの世界だ」「そんな先の問題よりも、当面の問題を解決すべき」というネガティブな反応をする人が大半のなか、資金を集め、人を集め、協力してくれる企業や自治体を見つけ、技術的・法的・経済的問題を一つずつ解決していかなければならないのです。

私にとって日常のアウトプットの延長であった対談でしたが、堀江さんからの思わぬインプットによって、モヤモヤしていた部分が一気に晴れ、さらに思考を深めることができました。堀江さんはとても想像力豊かな方ですが、かといって「ホリエモンが相手だったから」というわけではないはずです。たまたま彼と私の興味のある分野が共通していたことが大きいと考えています。**自分の中でモヤモヤとしているものを人に話してみると、意外なインプットが得られる可能性は十二分にあるのです。**

chapter 5

「話す」を深めて自分の価値を最大化する

世界的企業のＣＥＯはアウトプットも超一流

　私は現在、シアトルに住んでいます。シアトルという街には世界的な大企業の本社が多数ありますが、その代表的な企業にアマゾンがあります。以前、とあるパーティでアマゾンＣＥＯのジェフ・ベゾスと偶然会ったことがありました。

　彼の第一印象は、「思ったより小柄だな」というものでした。ＰＣやスマホの画面越しに何度も見ているベゾスですが、生身で話してみるとやはり圧倒されました。独特のギョロッとした目は眼光鋭く、いかにも変わり者というオーラを放っていたからです。

　雑談のテーマでもお話ししたように、ベゾスとの共通の話題を探ってみました。すると、どうやら彼もテニスを趣味にしているとのこと。どのコートでテニスをしているのかという話になり、私が「○○というテニスクラブに入っていて、そこでよくやっている」と言ったところ、ベゾスはこう答えました。「僕は家でするよ」。さすが世界屈指のエグゼクティブだと唸らされたことを覚えています。

同じくシアトルに本社を置く、スターバックス。同社を世界的なコーヒーショップチェーンに育て上げた元会長のハワード・シュルツとも話したことがあります。

彼と私の息子が同じ学校に通っていたので、何度か話す機会がありました。彼の印象は、「人を納得させるのがうまいな」ということ。人あたりが柔らかく、押しつける感じが一切ない。本当に真摯な態度でアプローチしてきます。

彼が話している姿から察するに、スターバックス社内でも「なぜ我々はスターバックスを運営しているのか」という、〝なぜ〟の部分の説明をものすごく丁寧に行っているのだろうと思いました。

飲食を始めとするサービス業においては、店舗運営をどうするとか、新メニュー開発がどうのといった各論に気を取られがちです。しかし、彼がこだわっているのは、「スターバックスがなぜ存在しているのか」という、同社の存在意義の部分でした。スターバックスのコンセプトが「サード・プレイス」であることは有名な話です。要は、会社とも自宅とも違う第三の居場所を作りたいということですが、彼はその概念をものすごくわかりやすく従業員たちに説明していくわけです。単なる説得口調ではなく、本当にそこを目指しているんだという、本物の熱意を持って。そんなことを、彼との会話から感じました。

コストコ（アメリカでは「コスコ」と発音します）のCEO、クレイグ・ジェリネックの発言も印象的でした。会話ではありませんが、彼が登壇していたイベントを訪れた際、質疑応答で質問する機会がありました。

コストコは会員制の倉庫型店舗で、日本の場合、個人は年間5000円弱の会費を支払うことで利用できます。コストコは、会費を支払うメンバーに対し、安く仕入れて安く売ることを行っています。「物を、安く仕入れて、安く売る」、この部分だけを切り取れば、他の小売業のビジネスモデルとあまり変わりません。しかし、コストコが他の小売業と大きく違うのは、そのカルチャーです。それを端的に表しているのが、〝規則〟の存在。小売業の原則は、仕入れた物に利益を乗せて売ることですが、コストコでは15％を超える利幅のある商品の取り扱いは禁止しています。

現在も語り継がれている、象徴的なエピソードがあります。

コストコで人気ブランドのジーンズを25ドルで仕入れ、29ドルで販売したところ、あっという間に売り切れたそうです。

これを受けてコストコは、「今後も売れる可能性はかなり高い」と考え、大量仕入れを行いました。すると、仕入れ値が25ドルから19ドルに下がりました。

さて、29ドルで販売して飛ぶように売れたジーンズ。同じ29ドルで販売すれば、同じように売れるはずです。しかも、仕入れ値が下がっている分、前回よりも利益は増えます。通常の小売業であれば、間違いなく29ドルで販売するでしょう。

しかし、コストコは違いました。社内の規定によって、29ドルでも飛ぶように売れたジーンズを、翌週には24ドルで販売したのです。この話に代表されるように、コストコでは、「仕入れ値に対する小売り価格のマージン上限が15％」というルールが決まっているのです。

これは、ＭＢＡのケーススタディやアメリカのビジネス書にもよく取り上げられるエピソードです。成功事例があれば、多くの企業が導入してみるビジネスの世界。コストコは世界的な企業になるほど成功しているわけですが、他の小売り業者はコストコと同じことを実践していません。前置きが長くなりましたが、私はクレイグに「なぜ、他社はそれを真似できないんですか？」と聞いてみたのです。

すると、彼は喜んで答えてくれました。彼の回答をまとめると、こうなります。

「小売業の生命線は『いかに安く仕入れて高く売るか』、この部分にかかっている。他社も小売業という商売は〝そういうもの〟だと考えていて、企業の文化になっているんだ。だから、安く仕入れたものを安く売ることは、彼らには絶対にできない。なぜなら、彼らの本能に反してしまうからさ」

話の内容もさることながら、私が興味深かったのは、「なぜ」という問いに対して、彼がシンプルにわかりやすく答えてくれたことです。

スターバックス元会長のシュルツも先述のとおり、真摯で丁寧なイメージでした。ベゾスもまた、言葉を大切にしています。「競争相手のことばかり見ずに、顧客を見ろ」とは、ベゾスがしばしば繰り返す言葉です。よほど成熟した市場でもないかぎり、競争相手の後を追いかけてもイノベーションは起こりません。顧客が何を必要としているか、それをとことん追求してこそ、価値のあるビジネスが作れるわけですが、そんなメッセージをベゾス自ら従業員たちに伝えているのです。

また、ベゾスは毎年株主向けに送っている年次書簡を効果的に使っています。たとえば、2015年8月に「ニューヨーク・タイムズ」がアマゾンの批判記事を掲載しました。この記事へのアンサーなのでしょう、翌年の書簡の中でベゾスはアマゾンの企業文化に対する自身の考えを訴えていました。株主向けではありますが、従業員たちも読んでいます。株主のみならず、従業員たちにも向けて書いていることは言うまでもありません。

このように、一企業を巨大なグローバルカンパニーへと成長させるほどの経営者たちは、自分の理念や思いを伝える能力もまた、突出しているのです。

他方、多くのベンチャー企業が失敗してしまう理由の一つに、コミュニケーション不足が挙げられます。要は、経営者のビジョンや理念が正確かつ長期的に共有されないのです。また、短期的な利益を求めるあまり、信念なき製品づくりやサービスづくりになってしまうことも「あるある」です。

本来、企業は、経営者のビジョンに共感するスタッフが集まり、創意工夫してビジネスを形作っていくもの。そんな意味では、企業経営にもコミュニケーションはきわめて重要ですし、自身のビジョンをわかりやすく伝えること、つまり、思想のアウトプットはリーダーに欠かせないのです。そんなことを、世界的なCEOたちから感じました。

聡くん、ユーチューバーになる

2018年1月、私は「ユーチューバー」としてデビューしました。家族には「何やってんの？」と笑われていますが、単に流行りに乗っかったわけではなく「動画」という媒体の持つ可能性や影響力が無視できないレベルになったための「テストとしてのアウトプット」です。

世界中でユーチューバーが人気を集めているのはご存じでしょう。中でも人気なのが、ゲーム実況や話題の商品紹介、「やってみた」系のチャレンジレポート的な企画です。しかし、私が今注目しているのは〝情報や知識〟を得ることができる解説動画。この分野には、爆発的なニーズが埋まっていると感じています。

たとえば、「ビットコインとは何か」という情報を知りたいとき、多くの人がまずはググり、テキストで解説された記事を読んで知識を得ようとします。この調べ物をする際の行動が「今後は動画がメインになるのではないか」、そして「もはや映像だけで情報を入手する人が増えるのではないか」というのが私の立てた仮説です。

すでにYouTubeなどの動画投稿サイトには、話題のテーマを解説する動画が数多くアップされ、ある程度の視聴数を稼いでいます。まだ多くはないものの、たとえば「ビットコイン」とググってみたとき、検索結果の上位に動画解説とウィキペディアがあれば、動画を選ぶという人も増えているのではないでしょうか。

言い換えれば、「文字を介して情報を得る人」が昔よりも減っているだろう、という仮説をアウトプットにより検証しているのです。事実、紙の書籍はだんだん読まれなくなっていますし、ウェブの記事であっても長い文章は敬遠される傾向にあります。正確な数字があるわけではありませんが、この予想は大きく間違ってはいないでしょう。

新しいことを理解するとき、文章から情報を得ようとすると、わりとしっかり読まない

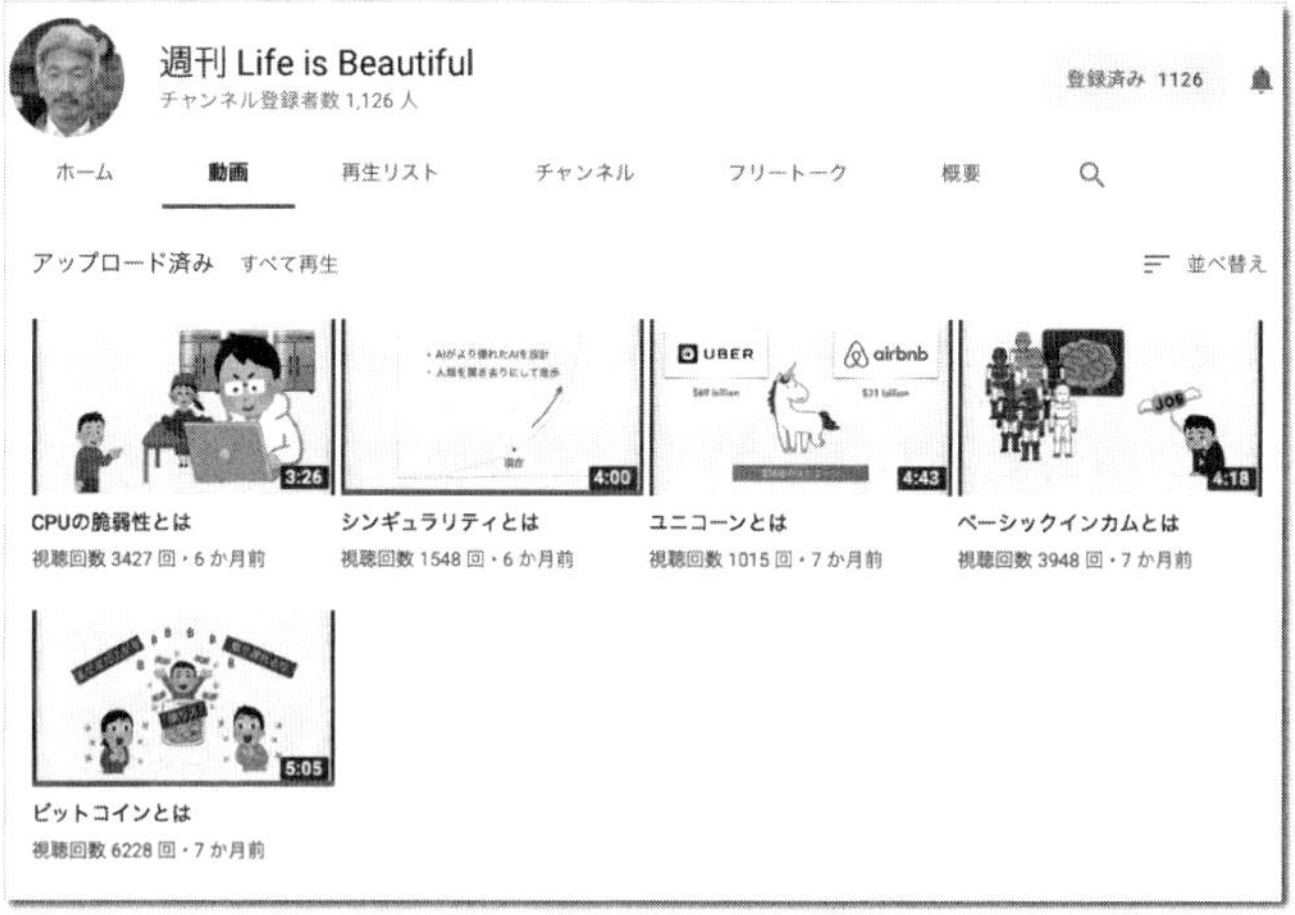

といけない。新しいテクノロジーや専門的な情報などは、ウィキペディアを読んでもよくわからないものもあります。

とはいえ、動画（や音声）は「コンテンツを消費するのに時間がかかりすぎる」という意見もあります。たしかに、5分間の動画を見るには基本的に5分間必要です。倍速再生機能もありますが、確かな知識を得ようと思っているときに使用するのは得策とは言えません。

しかし、動画や音声であれば「ながら見」ができます。また、動画であれば、視覚的な情報も多くなるため、情報量も増えます。今やスマホがこれほどまでに普及し、いつでもYouTubeなどにアクセスできる時代。通信回線も早く、ノーストレスで動画を視聴できる。そう考えていくと、物事を解説してくれる映像の需要というものが、どんどん高まっていくと思えてきたのです。

たとえば「ビットコインとは何だろう?」という疑問を持ったとき、グーグルの検索窓に「ビットコインとは」と入力するのではなく、最初からYouTubeで探す人も増えるのではないでしょうか。だからこそ、無視してはいけないポイントだと思いました。そんなこんなで、遅ればせながらユーチューバーになろうと考えたのです。

この仮説が正しければ、動画によって情報を得ようとする人々の疑問に答えるビデオをたくさん揃えておけば、私の財産になると思いました。一口大の知識が集まったプラットフォーム、いわば「動画版ウィキペディア」です。

https://www.youtube.com/channel/UCtjRA-7EuBmyWMyty1HZAPQ

動画の尺は、3~4分程度がちょうどいいと思いました。他の解説動画は10分を超えるものもたくさんありますが、スマホ主流の時代にはちょっと長すぎます。ウィキペディアの概要を確認するくらい手軽にしたかったこともあり、3～4分程度に落ち着きました。

動画の構成には、人一倍こだわっています。「これさえ確認すれば、きちんと押さえられる！」と言える内容を心がけ、それでいて知識が吸収しやすく、過不足なく、シンプルに。シンプルな作りにしているのは、編集作業との兼ね合いもあります。

動画制作を外注してもいいのですが、勉強を兼ねて、まずはすべて自分で作成してみようと思いました。しかし、シンプルな作りでもこれが意外と大変。ヒカキンさんを始め、毎日手の込んだ動画をアップされている人気のユーチューバーたちの労力はすごいなと、感服しました。

動画は、イラストと私のナレーションで解説しています。私が動画上に登場して解説してもいいのですが、スムーズに解説するのが意外と難しい。適宜編集すればいいのですが、映像が細切れになったり、つながりが悪くなってしまうのです。また、動画に登場するとなると明るいキャラクターを演じる必要もあります。それが負担になってしまうと、続かなくなるので、自然体を意識して作っています。

また、最近になって注目されている「バーチャルユーチューバー」が本格的に普及してくれれば、顔出しする必要がなくなるため、ユーチューバーへのハードルはさらに下がります。現在はまだ決定的なツールが登場していませんが、時間の問題でしょう。近い将来、テキストを入力しさえすれば、好きなキャラクターがいい感じで解説してくれる動画を手軽に作れるようになると思います。

今はまだ手作業で、しかも作り込んでいるために、一つの動画を作成するのに時間がかかってしまいます。そのため、動画のアップは少しサボり気味。しかし、面白いのが、放置気味であっても、動画へのアクセスはじわじわと増えていることです。

ブログだと、アップ直後はアクセスが増えるものの、時間の経過とともにアクセス数は減少していきます。しかし、YouTubeは意外と息が長いことがわかりました。これに気づいたときは嬉しかったです。ロングテールに観てもらえるということは、コンテンツが私の財産になっていくということだからです。

そんなわけで、あなたもぜひ自分の財産になるようなテーマ、つまり、〝時間を経ても需要のあるテーマ〟を研究し、取り上げていってみてはどうでしょう。私は今はテック系の話題が中心ですが、ジャンルも広げていく予定です。たとえば、エセ科学やリボ払い、パチンコや宝くじなど、知識不足によって損をしてしまうことや、生きていくうえで大事なのに学校では意外と教えてくれないことを取り上げていきたいと考えています。

文章でも動画でも、伝え方の本質は同じだった

最近、「私の本職は物書きではないか」と自分でも思うくらい、プログラミングのコー

ド以上に文章でアウトプットしていますが、そのときに常に考えているのは、「自分はこの文章で何を伝えようとしているのか」ということです。

単に情報を伝えるだけなら比較的簡単ですが、きちんと理解・納得してもらうとなると話が変わってきます。中でも、YouTubeで取り扱うようなタイムリーなテーマを納得してもらうことは、容易ではありません。

YouTubeに初めて投稿した「ビットコインとは」という動画では、「ビットコインとは何か」を技術者でない人にも理解してもらえるよう、何度も台本を書き直しました。同時に、私がもっとも伝えたかった「仮想通貨は投機的で危ない」というメッセージを込める努力もしています。

前半に「ビットコインを最初に活用したのは麻薬密売組織」という（イメージの悪い）事実を提示しました。そのうえで、ビットコインの価格の推移をグラフにしてみると、ビットコインの値上がりが典型的な「バブル」であることがわかってきました。80年代終わりの日本の不動産バブルや、2000年前後のインターネットバブルを見ているようなのです。

ビットコインが誕生してから、2018年で丸9年になります。「通貨」としての機能も期待されていましたが、依然として本来の通貨としての役割はほとんど果たせていません。ビットコインは、株や不動産と違い、配当や家賃収入のようなリターンが一切ありません。つまり、現在のビットコインは誰もが安く買って高く売り抜けようと考える、100％投機的な商品で、ギャンブルと同じなのです。今後も乱高下が続くでしょうし、そこで大儲けをする人もいれば、大損をする人もいる。「うかつに手を出すと大火傷をする、危険な金融商品」なのです。

このように締めくくりました。これは2017年末のビットコインの高騰に浮かれている人々の目を覚まさせようという、私なりの強い意思が反映されているのです。

YouTubeにアップする次回作として準備しているのは、「パワハラとは」というタイトルの動画です。

「Karoshi」という英単語ができてしまうほど過酷な労働環境が話題になる日本ですが、その背景には自分で部下にパワハラをしておきながら、それをまったく悪いとも思っていない上司の存在があります。

政府は長時間労働を減らすために「働き方改革」を推し進めようとしていますが、そんな表面上の法律整備よりも、まずは「何がパワハラで、パワハラの何が問題なのか」について、より多くの人に知ってもらうことこそが大切だと私は感じています。

そこで、表向きは「パワハラとは何か」という動画でありながら、実際にはこれまで日本の職場でごく当たり前のように行われていた（そして、今でも普通に行われている）「上司が会社の帰りに部下を飲みに誘う」などの行動が、実はパワハラに当たる可能性があるという事実を認識してもらったうえで、日本の社会にはパワハラが日常的に溢れており、多くの人がそれをちゃんと認識しないかぎり、社会は良くならないというメッセージを込めた文章を書いています。

まだ下書き段階ですが、せっかくなので紹介したいと思います。

・「パワハラ」とは（下書き）

パワハラとは、上司、教師、顧客などの強い立場にある人が、その強さを利用して、人にやりたくないことをさせたり、不愉快な思いをさせたりすることです。

日本の職場には、あらゆる所にパワハラが存在しますが、あまりにも多いため、している本人も、されている人も、パワハラだとは気づいていないケースが多々あります。

典型的な例が、仕事の後の飲み会です。日本には「飲みニケーション」という言葉があるくらい、人間関係においてお酒の場が重視されていますが、上司が部下をお酒に誘うこと自体がパワハラの始まりだと気がついていない人が大半です。喜んで飲みに来る人もいますが、上司に誘われたら断れず、仕方なく飲みに来る部下もいることを忘れてはいけません。

上司からすれば、「部下を可愛がってやろう」とか「仕事場では話せない愚痴でも聞いてやろう」くらいの軽い気持ちで飲みに誘っているだけかもしれませんが、部下が「断れない」と感じたら、それはれっきとしたパワハラなのです。

部下からすれば、本当は早く家に帰って家族と時間を過ごしたいと思っても、上司に誘われたら断れない、それが人情なのです。

同じ理由で、部下に自分の家の引越しを手伝わせる、部下を週末のゴルフに誘うなどの行動も、そこに「断るやつは協調性がない」という雰囲気があるだけで、パワハラになりえます。

サービス残業は、言うまでもなく労働基準法違反ですが、たとえ組織的に行わなくても、「サービス残業は当たり前」という空気が職場に存在すれば、それだけで十分にパワハラなのです。

セクハラもパワハラの一種です。部下をデートに誘ったり、卑猥なジョークを言ったり、体に触るなど、一昔前の日本では当たり前に行われていたことも、本人が「断れない」と感じたり、不快に思うのであれば、立派なセクハラです。不愉快な表情を見せることすら許されない職場で、我慢している女性が日本にはたくさんいます。

日本でパワハラがなかなかなくならない理由はいくつかありますが、一番の理由は文化的なものです。

「和」を重視する日本では、上司の誘いを断ったり、職場の慣例を批判したりすることは、「和を乱す」ことになりかねず、上司だけではなく、同僚からも「協調性のないやつだ」「自分勝手なやつだ」というレッテルを貼られるリスクを犯すことになります。「協調性」という大義名分を使ってお互いを縛り合い、個人の意思を尊重しない閉鎖的な環境を作り出し、それを誰もおかしいとも思わない。そんなファシズムに近い職場が、日本にはたくさんあるのです。

配置された新人が、そんな職場に耐えられずに辞めてしまうと「今の若者は根性がない」「俺が若い頃にはもっと苦労した」と言う人がいますが、果たして本当にそんな発想のままで良いのでしょうか？

パワハラで、部下を会社人間に仕立て上げ、サービス残業でこき使う。そんな時代遅れなことをしていても、生産性は上がらないし、競争力のある会社は作れません。

これまでごく普通に職場で行われていたことが、実はパワハラだったということはよくある話です。個人の意思や価値観を尊重し、若い人たちが自らの意思で一生懸命に働きたくなる職場、短い時間で効率よく仕事ができる環境を作ることこそが、今の社会に求められているのです。

このようにして、実際に自分の手で動画を作ってみてわかったのは、動画と文章とでは作り方がガラっと変わるものの、それはあくまで表面的な部分。つまり、わかりやすくしなきゃいけないとか、納得してもらえる伝え方にしないといけない、といった中身の部分は動画も文章も実は同じだった、いうことです。

プレゼンと講演の良し悪しは「おみやげ」の質で決まる

アウトプットの手段の一つに、プレゼンテーションがあります。職種や職場によっては、プレゼンを避けては通れない人は多いと思います。そんなプレゼンですが、日米で比べてみたときに、いかんともしがたい「悲しい事実」が存在します。

マイクロソフト時代、プレゼンの場によく出席していたのですが、アメリカ人のほとんどが、聞いている私たちの目を見ながら堂々とプレゼンする一方、日本人はというと……。ほとんどがスライド上にある文字を順番に読んでいくだけ。こんな姿を見るたび、悔しい思いをしていました。

これはプレゼンをする人が優秀かどうか、という話ではないようです。私の感覚では、全体のトップ20％に入るような優秀なビジネスパーソンやプログラマーを日米で比べたとき、アメリカ人のほぼ全員がプレゼンに長けています。しかし、日本人だとプレゼン下手な人の割合がぐんと高くなってしまいます。

だからといって、日本人の能力が劣っているという話ではありません。「そもそもプレゼンとは何なのか」ということを知っているか、知らないかの差というのが私の考えです。そう考えると、ほとんどの日本人が「スクリーンに映し出されたパワーポイントの資料を真面目に伝えること」がプレゼンだと勘違いしているのでしょう。

では、私が言う〝良いプレゼン〟とはいったい何か。

それは、「もっとも伝えたいメッセージをシンプルに、わかりやすく、情熱的に伝えること」にほかなりません。

私はこれまでに数多くのプレゼンを行ってきました。32歳のときにはビル・ゲイツの前で一世一代と言えるプレゼンを行い、自分の主張が認められたこともあります。それが

「ウィンドウズ95」に大きな影響を与えたことは、前著でもお話ししました。

最近では講演に呼ばれたり、大勢の前で話す機会も格段に増えました。いついかなるときも心掛けているのは、「何を伝えたいのか」をはっきり決め、それを伝えるように最大限努力することです。

私はこれを、よく「おみやげ」と呼んでいます。せっかくプレゼンや講演を聞いてくれた人に、私が伝えたかったメッセージをおみやげとして持って帰ってもらうのです。

私は、書く場合には、できるだけ簡潔に、要点だけを伝えることに力を入れます。一方で、話す時には、相手の顔色を見ながら、「いかに私の話に集中してもらえるか」に気をつけながら、「少なくとも要点だけは理解して帰ってもらう」ことに全力を傾けます。

プレゼンや講演を聞いていても、多くのことは心に残りません。これは観客としてプレゼンや講演に参加したことがあるなら、誰もが経験しているはず。ほとんど忘れられてしまう中で、最低一つだけでもメッセージを家に持って帰ってもらえれば「御の字」なのです。逆に、「いや〜、今日はいい話が聞けました」という抽象的な感想では、何も得られていないのと同じです。

ここで、これまでに参加したプレゼンや講演を思い出してみてください。その大半が「おみやげ自体がない」または「立派な箱だけ」だったのではないでしょうか。もちろん、登壇者は一生懸命話す内容を考え、一生懸命練習し、話したことでしょう。しかし、残念ながら聞いたあとに「何か」が残るプレゼンや講演は、最近あまり見かけません。

プレゼンや講演で使うスライドの枚数や言葉の数、練習量では、私より労力をかけている人はたくさんいると思いますが、まったく気にしていません。なぜなら、絶対におみやげを持って帰ってもらっているという自負があるからです。

「この章を読んだらプレゼンのテクニックが学べる」と思っていた方には申し訳ないのですが、テクニックうんぬんは二の次です。いくらイケているスライドや流暢なトークを駆使しても、伝えたいメッセージを用意し、おみやげとして持って帰ってもらえないのであれば、そのプレゼンや講演は「時間とお金と労力のムダ」なのです。

まずは、どういうプレゼンが正しいのかを知ること。そして、プレゼンの本質にしたがって、良いプレゼンをすべきだという認識を持ってください。それが良いプレゼンのためのスタート地点。練習やスライドの準備はその後に行うものです。

見方を変えれば、多くの人ができていないのだから、これを読んでプレゼンの本質をつかんだあなたは、今日からすぐに差別化が図れるというわけです。

とても重要なことなので、もう一度言います。

聞いている人に一番伝えたいメッセージは何なのか。まずは、それを定めましょう。

プレゼンの主役はスライドではない。あなた自身だ

さて、ここまでの話を踏まえて、冒頭にお伝えした悪いプレゼン例を思い出してみてく

ださい。日本人のほとんどが、スライド上にある文字を順番に読んでいくだけでした。これでは、聞いている人にきちんと伝わっているのかがわかりませんし、そもそも、データや書かれた文字を読み上げるだけでは、聞いている人の記憶にすら残りません。

そして、プレゼンが評価されない多くの人に共通するのが、「プレゼンはスライドは主役」と勘違いしていることです。主役は、あくまでプレゼンをしている本人。社内の企画会議であれ、顧客に対するセールスであれ、一番強く印象づけるべきは、提案する企画や商品ではなく、「プレゼンする自分自身」なのです。

もちろんプレゼンの中身も大切ですが、本当に重要な情報はどのみち文書で別途提出することになるので、プレゼンの段階で重要となるのは、とにかく自分を印象づけ、「彼の提案する企画に社運を賭けてみよう」、「彼女を見込んでこのテクノロジーを導入してみよう」などと思わせることなのです。

やたらと文字ばかり並べたスライドを読み上げるだけの人がいますが、それでは、貴重な時間を使ってプレゼンをしている意味がありません。「大切なことは自分の口でアウトプットする」というのが正しいプレゼン方法なのです。

「プレゼンの主役は自分である」ということに気づかされたのは、アメリカで受けたプレゼンの授業がきっかけでしたが、同じような話を、先日お会いしたチェロ奏者の方からも聞くことができました。たまたま彼のパフォーマンスを耳にしたのですが、とてもすばらしい演奏でした。彼はチェロの演奏がうまいだけでなく、表情を巧みに変えたりして、とても表現力が豊かだったのです。そんなことを彼に伝えていたら、私にこう言ったのです。

「僕はチェロを演奏してるんじゃない。チェロで僕自身を表現しているだけ。チェロは道具にすぎないからね」

素直にかっこいいなと思いました。チェロは道具で、主役は自分。だから彼は、チェロの演奏者でもないと言いますし、お客さんは、自分のチェロの演奏ではなく、僕の表現を聴いてくれている。彼はそう言ったのです。

ですから、プレゼンも同じです。パワーポイントやスライドといった資料は、あくまで道具。主役はプレゼンターなのです。

私はコミュニケーションに強いこだわりを持っていますが、日本人のプレゼンを見ていると残念でなりません。正直、一筋縄ではいかない問題ですので、この章ではしつこく「良いプレゼン（講演）とは何か」ということについて取り上げていこうと思います。

すべてのプレゼンターは「プロフェッショナル」たれ

ビル・ゲイツは、論理的に言い訳をする人を猛烈に嫌います。

たとえば、ビル・ゲイツがパーティーを開くことになって、あなたが「花を用意してほしい」と頼まれたとします。すぐさま花屋に注文し、無事に注文を終えたらパーティーの当日を待つのみです。しかし、パーティー当日になって、花屋から突然連絡が来ました。「雪のせいで配達が遅れる」と。困ったあなたが、もしも、ビル・ゲイツに「雪のせいで花が遅れる」と伝えたらさあ大変。彼は烈火のごとく怒り狂うでしょう。

あなたがビル・ゲイツから頼まれた任務は「パーティーに花を用意すること」であり、「花屋に注文をすること」ではないからです。もし雪の影響で花の配達が遅れるならば、あなたはなんとしてでもパーティー会場に花を用意する手段を考えなければいけません。

これは前著でもお伝えしたたとえ話ですが、とても大事なことなので、本書でも繰り返しました。プレゼンでも、同じことが言えます。

プレゼンをするあなたのミッションは、大勢の前で話すことでも、プレゼン資料を読み上げることでもありません。プレゼンの参加者に「有益で正しい情報」を伝えることです。

これは謙虚な姿勢だとか、おもてなしがどうとかではなく、プロフェッショナルとしての使命なのです。プロフェッショナルというと、アスリートやアーティスト、職人というイメージがあるかもしれませんが、あなたはプレゼンをすることになったのですから、プレゼンのプロにならないといけません。パン屋ならば注文に間に合うようにパンを焼かなければいけない。同じように、聞いている人に時間内にきちんと伝えないといけないのです。
もし、あなたのプレゼンが聞いている人に伝わらなかったならば、悪いのは聞いている人でも準備期間の短さでもありません。すべてあなた自身のせいです。プロフェッショナルというのは、与えられた役割を果たす責任があるのです。

先ほど、プレゼンや講演における「おみやげ」について紹介しました。意外と目からウロコだった人もいると思いますが、そもそもプレゼンをするプレゼンターのミッションは、情報を伝えることにあります。だから、これは当たり前の話なのです。この一歩踏み込んだ内容を意識しているかどうかで、あなたのプレゼンの出来不出来は目に見えて違ってきます。

よく野球にたとえられるのが、「ピッチャーは打者を抑えることが仕事」という考え方です。しかし、それは最低限求められていること。本来はもう一歩も二歩も踏み込んで、「すごい球」を投げることで観客を沸かせるまでがプロの仕事です。試合後のヒーローインタビューの答え方も同じで、応援に来てくれたファンに対する感謝や気遣い、ファンに「これからもこの選手を応援しよう」と思わせるまでがプロ野球選手の仕事。私に言わせれば、これがプロとアマの境界線となるのです。

プレゼンも同じで、「しゃべって終わり」ではありません。

「ドリルを買いに来た客は、本当はドリルがほしいのではなく、穴を開けたいだけだ」という有名なたとえ話があります。相手やお客さんのニーズをきちんと汲み取れという教訓ですが、まさにこれと同じこと。聞いている人のことを見ずに、資料やスライドを読み上げてしまうプレゼンというのは、ニーズをきちんと汲み取れていない、プロフェッショナルとして失格の代物なのです。

私が人前で話すときに注意していること

ここまでプレゼンの本質についてお話ししてきましたが、さらに理解を深めてもらうために、プレゼンに臨むまでを時系列でお話ししていきたいと思います。

以前、札幌で開催された「ＴＥＤ」に登壇したことがありました。登壇するにあたり、私は壇上で話すことをほぼ一字一句決めました。台本どおりに、しかも時間どおりに終わるように何度も練習して、当日に挑んだのです。

https://tedxsapporo.com/talk/why-your-job-does-not-get-done-in-time/

こうやってプレゼンのためにかなりの練習を積んだわけですが、私にとってこれは極め

てまれなケースです。通常の講演やプレゼンでは、台本までは作りません。TEDは制限時間が厳密に15分と決められていました。時間がオーバーしても、逆に足りなくてもダメです。だからこそ、例外的に台本を決めて登壇したのです。

ではなぜ、ふだんは台本を作らないのか。それは、台本を作り込むことでプレゼンや講演の内容がどうしても不自然になってしまうし、私の話を聞いている人の反応によって、アドリブを加えることが難しくなるからです。

だからといって、ノープランで挑むわけではありません。原稿を作らない代わりに、前日にスライドや資料を何度も見返しながら、頭の中で大体の流れを何度もシミュレーションします。もしスライドが5枚あるなら、それらを追いながら、どこで何を話そうか確認を行います。スライドごとにメモはあって、キーとなる言葉や数字を書いておきます。それを見ながら軽く練習しますが、その程度です。

私が伝えたいのは、話す内容をあらかじめ丸暗記するより、相手の理解度や興味に応じて、適切に言葉を選んだり重要なポイントを繰り返したりして進めることが大事、ということです。

場数を踏んでいる私だからできるんだろう、と思われるかもしれません。しかし、プレゼンとは「伝えたいメッセージをきちんと伝えることが重要」と何度も言ってきました。原稿をしっかり決めてしまうと、聞いている人たちがよく理解していなくても、次に進まざるを得なくなります。

壇上で話していると、聞いている人たちの反応が意外とわかるものです。私の話を理解している・していない、興味を持っている・持っていないといったことが、とても目につきます。

「ちゃんと理解してもらえていないな」と感じたら、具体例を追加してみることはよくあります。また、食べ物のたとえ話を使ってやたらとウケた場合、その後のたとえ話も食べ物の話に差し替えることがあります。

ウケた話題があったなら、聞いている人たちが忘れた頃に再度持ってくることもありますし、たとえば、前段のプレゼンや講演によって会場の雰囲気は左右されるので、場が温まっているかどうかで話題も変えます。反対に、「あ、もうこの話は理解してもらったな」と判断した場合、用意しておいた具体例を思い切って飛ばすことだってあります。

メッセージを伝えるためには、臨機応変に対応しないといけません。しかし、あまりに原稿や台本を作り込んでいると、身動きが取れなくなってしまうのです。

この考え方は、すぐには理解できなかったり、やってみるには不安だったりするかもしれません。もちろん、場数がモノを言う世界です。ですが、「絶対に伝えたいメッセージはこれ！」と決めていると、案外うまくいくものです。プレゼンのすべてを完璧にこなす必要はありません。思い出してください。最後にメッセージを持って帰ってもらえれば「御の字」なのですから。

最高のプレゼン資料の作り方

ここで一度、あなたがこれまで見てきたプレゼン資料を思い出してみてください。読みづらかったり、見づらいものもあったと思います。

「たくさんの情報を伝えたい！」「言い漏らしをなくしたい！」という熱意はひしひしと伝わってきても、結局のところ何が言いたいのか把握できないものばかり。ここにも、多くの日本人がプレゼンの本質をはき違えてしまった弊害が出ています。

私が考えるプレゼン資料とは、ズバリ〝大事なことが書かれていない資料〟です。

「そんなバカな」と思ったかもしれません。しかし、プレゼン資料やスライドに載せる文字やデータ、グラフなどは、あなたが伝えたいメッセージを強調するためのものでしかありません。つまり、あなたの発言を際立たせるための補助的なものです。だからこそ、大事なことは書いてはいけない。本当に大事なことは、「あなた自身の口からアウトプットする」必要があります。

しつこいかもしれませんが、プレゼンのゴールは何だったでしょうか？　聞いている人にメッセージを伝えることです。そして、プレゼンの主人公はあなた自身なのです。

大事なメッセージをスライドに書いてしまっては、プレゼンの主人公はスライドになってしまいます。もしもあなたが資料に書かれた文字をただ読むだけならば、肝心のあなたは、資料を際立たせる脇役になってしまいます。

というわけで、プレゼン資料を作る際には、まず情報、つまり文字数は「これでもか」というくらい少なくする必要があります。

たとえば、あるプレゼンで〝去年から今年にかけての売上の変化〟を伝えたいとしましょう。グラフを使ってプレゼンすると思いますが、このグラフの上に「わが社の売り上げ推移」などといったタイトルを書くのはＮＧです。なぜなら、一番大事なことはあなたの口で言うべきだからです。

あれもこれもと文字や情報を載せたくなったり、補足したくなったりするものです。しかし、ファミレスで食べるミックスグリルの味を覚えていないのと同じで、情報がてんこ盛りだと記憶に残りません。ハンバーグにカットステーキ、チキングリルにエビフライ……と、てんこ盛りにしていても、その記憶はすぐに忘れてしまいます。反対に、記憶にしっかりと残るのは、ハンバーグ専門店で食べた、肉汁がドバドバと出てくるような特製ハンバーグなのです。

場合によっては、補足情報が悪目立ちしてしまうこともあります。そんなものは歴史の授業で習う年号と一緒で、覚えてもらっても仕方ありません。

先ほどの例でいえば、「横軸：年度、縦軸：売り上げ」とグラフの最低限の説明は書いたとしても、グラフのタイトルや、何を示しているかはプレゼンの主人公であるあなたが口頭で伝えてあげる必要があります。いや、どうせなら文字が一切書かれていないグラフのみを表示してもいいでしょう。売上が1000万円だとしたら「1000万」とだけ書かれた資料でもいい。聞いている側は「いったい何だ？　このグラフ（数字）は！」と感じて興味を持つのです。

言い方を変えると、プレゼン会場にいなかった人が見たら、「このプレゼンはいったい何が言いたいのかさっぱりわからない」と思うような内容にするのが、正しいプレゼン資料の作り方なのです。

その代わり、プレゼンに来られなかった人に資料を渡す際には、それを読めばプレゼンの中身がわかる資料を別途作る必要があります。もしこのプレゼン資料の作り方に対して昔気質の上司が文句を言うならば、情報がぎっしり集まった（本当は間違っている）プレゼン資料を渡せば万事解決です。

必要最低限の情報、しかも伝えたいメッセージを補助するのみに徹した資料でプレゼンに挑むのは、最初はかなりの勇気が必要でしょう。文字がびっしり書かれた資料のほうが安心できるかもしれません。しかし、本来のプレゼンの意味を考えると、むしろ後者のほうが間違っているのです。

最初は大変ですが、一生モノのプレゼンスキルになるのは間違いありません。早いうちから、つまり今のうちから身につけておくに越したことはないのです。

ちなみに、私がＴＥＤのスピーチをした際には、左のスライドしか使いませんでした。本当はスライドなしでもよかったのですが、さすがに伝わりづらい部分があったので、最

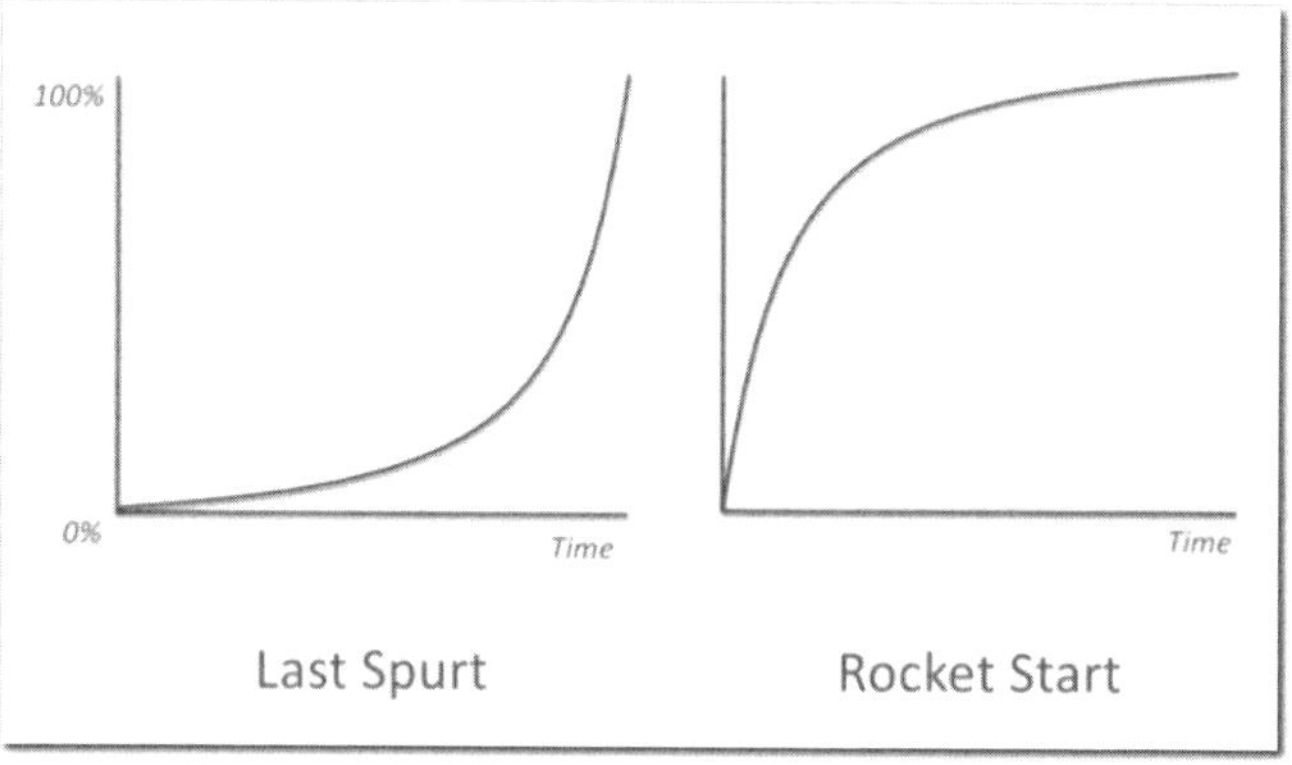

低限利用しました。

まとめます。本来のプレゼンとは、まず主人公はあなた。そして、本当に伝えたいことはあなたの口から言うべき。そして、スライドやプレゼン資料は、あなたが発するメッセージを際立たせるために存在しています。

そして最後に。すでにお気づきかもしれませんが、本当に良いプレゼンは、別にスライドなしでもできるものなのです。

改めて、「良いプレゼン」とは

いったん、ここまでの内容をまとめてみましょう。
プレゼンの初心者にありがちな失敗は、大きく分けて以下の４つです。

・自分のプレゼン技術を気にしすぎてあがってしまう
・「情報は多い方が良い」と勘違いして、スライドを文字で埋め尽くしてしまう
・その結果、観客ではなくスライドに向けて語りかける形になってしまう
・結局、何が言いたいのかまったく伝わってこない

このようになります。
今一度、プレゼン初心者の方に向けたアドバイスをお伝えしていきたいと思います。

まず、観客は「未熟なプレゼン」には寛大だということ。

「自分はプレゼンがどうも苦手……」と思い込んでいる（もしくは悩んでいる）人はたくさんいると思います。しかし、心配は無用。「プレゼンターの未熟さ」を笑う大人はまずいないので、心配する必要はありません。

逆に、「何を伝えたいのかがわからないプレゼン」を観客は許してくれません。自分の未熟さを心配している暇があるなら、むしろこのポイントを心配すべきなのです。

次に、「自分が伝えたいポイント」を意識して、それを伝えることだけに注力しましょう。具体的には、プレゼンの準備をする前に、まずは「自分が伝えたいポイント（できれば1つ、多くても3つ）」をはっきり決め、「絶対にそのポイントだけは伝える」ようにスライドを作ります。

基本としては、次の3点です。

・冒頭のスライド1枚にそのポイントをまとめ、「今日私が伝えたいのはこれです」と宣言する
・そして、その伝えたいポイントを何枚かのスライドを使って丁寧に説明する
・最後に「今日、私が伝えたかったポイントはこれです」と、まとめのスライドで繰り返す

この形を意識すれば、プレゼンの仕方が多少下手でも、少なくとも何が伝えたいのかはわかってもらえるはずです。

ラストは、スライドの文字は極力少なくし、観客の注意は自分の方に引きつけること。スライドの文字の大きさとして適切なのは30ポイントです。行数でいえば6～7行が限度。それ以上の文字を詰め込むことは避けた方が賢明です。たくさんのデータに基づいたプレゼンの場合でも、スライドに書くのは大まかなデータだけにしておき、細かな表などは、別途紙に印刷したものを渡しましょう。スライドには、文章ではなくキーワードや図だけを置いておき、それを自分の言葉にして、観客の方を見てしゃべります。

至って当たり前のことを書いたつもりですが、残念ながら日本のプレゼンの8割がこの項の冒頭のようなプレゼンになってしまっているのが現状です。

そもそも、スライドを読むだけで良いのならば、わざわざプレゼンなどする必要はありません。メールでスライドを送れば、お互いにとって得です。「なぜお互いの貴重な時間を使ってプレゼンするのか」をよく考え、先ほどの3つのポイントを意識してみましょう。

そうやってプレゼンをすれば、誰にでもそれなりのプレゼンができるのです。

ジョブズはなぜ、プレゼンの神であり続けるのか

ここまで、正しいプレゼンとは何なのか、たっぷりお伝えしてきました。その知識を踏

まえたうえで見てみると、「神レベル」だと感じるプレゼンがあります。ご存知、アップルの創業者、スティーブ・ジョブズのプレゼンです。

小学生のときから授業でプレゼンの練習をするアメリカ人には、やはりプレゼン上手な人が多くいます。しかし、スティーブ・ジョブズが行うプレゼンのうまさたるや、他を寄せつけないレベルなのです。私もたくさんのプレゼンを見てきましたが、ジョブズほど自然でわかりやすく、かつ魅力的なプレゼンをする人を見たことがありません。

彼のプレゼンは、「観客」だった人をいつの間にかファンに変えてしまい、彼が紹介するアップル製品が自然とほしくなってしまうほどのパワーを持っています。

特に、初代iPhone発表時のプレゼンは、最高峰のクオリティでした。

「2年半、この日を待ち続けていた。数年に一度、すべてを変えてしまう新製品が現れる。それを一度でも成し遂げることができれば幸運だが……」から始まる、この発表会は鳥肌ものです。

活字で見ているとシンプルかもしれませんが、動画で見ていると、ジョブズの「間」や表情が絶妙なのです。そして、見ている側はワクワクし、ドキドキし、固唾をのんで見守ります。まるで映画を観ているようです。

「今日は、3つの革命的なデバイスを発表します。まずは、ワイド画面でタッチ操作のできる新しいiPod。2つめは、革命的な携帯電話。3つめが画期的なインターネットコミュニケーション通信機」

彼は、新製品の発表の場でこう言いました。

聞いている側からすると、「ああ、アップルは今回3つの製品を新しく発表するんだな」と思うでしょう。しかし、ジョブズはこう続けます。

「これらは3つに分かれていない。これは一つなんだ！　名前はこう言う、iPhone」

その途端、会場は熱狂の渦に包まれます。これほどまでに見事なプレゼンがあったでしょうか。しかも、ジョブズが〝にくい〟のが、ここで一度冗談を挟むのです。どんなデバイスが登場するのか、観客の注目がピークに達したところで、iPodに古い電話のダイヤルが付いた画像を見せ、笑いを誘います。そう、会場はすっかりジョブズの作り出した世界観に包まれているのです。

iPhone発表時の衝撃には及ばないものの、新型iMacの発表も見事でした。iMacの発表でも、

- 文字が極めて少ないこと
- 画像が効果的に使われていること
- ほとんどの情報は文字ではなく、スティーブ・ジョブズの口から伝えられること

iPhoneの発表会同様、これらが徹底されていました。

勘違いしてほしくないのですが、〝観客がついジョブズに注目してしまう〟状態というのは、ジョブズのカリスマ性ゆえに起こるのではありません。実は、綿密な計算のもとに作られているのです。

極端に文字の少ないスライド、あえてスライドに書かずジョブズ自身の口から伝えられる商品情報、新しいトピックに移る際、常にスライドより一歩先に話し始める手法……。そのすべてが、彼の口からアナウンスされる商品を、そして何よりジョブズ自身をより魅力的に見せるためのテクニックなのです。

ジョブズのプレゼンは間違いなく、世界最高峰のお手本です。もちろん、ジョブズほどのプレゼンスキルを身につけることは一朝一夕にはできません。しかし、あなたがプレゼンを行う際にはきわめて有用なのです。

アップルが世界一の時価総額を誇る企業になった要因として、「マーケティングの天才」であるジョブズがトップに返り咲いたことが挙げられます。彼は徹底して「消費者指向」のモノ作り・マーケティングを行ってきましたが、彼の神がかったプレゼンもその一環だったのです。

ちなみに、ジョブズは元からプレゼンが上手だったと聞きます。しかし、アップルに再び戻ってからは、さらなる練習を積んでいたそうです。ジョブズは、プレゼンの天才でしたが、それは用意周到な準備と、時間をかけたリハーサルの結果であることを忘れてはいけません。彼の神がかったプレゼン術は、努力の賜物でもあるのです。

ちなみに、現在では再現性の高いプレゼンロジックが確立されており、現アップルCEOのティム・クックなどのプレゼンもかなり高いレベルで行われています。また、マイクロソフトやグーグルのプレゼンも専門家の指導のもと、最高レベルのプレゼンに仕上げられています。

彼らのプレゼンを見ても勉強になる部分はありますが、やはり、まず見るべきはジョブズのプレゼンです。YouTubeなどに日本語訳付きでアップされていますから、初代iPhoneの発表会はぜひチェックしてみましょう。彼がプレゼンの神になる瞬間が、そこに映し出されています。

中島式「ツカミ」の技術

「観客を前のめりにさせる」ことは、プレゼンを行う人に課された役目の一つです。

落語家は観客を引きつける名人です。世間話が始まったかと思えばいつの間にか本題がスタートし、我々の興味をぐっとつかんで離しません。そう、落語家たちはしゃべりの名人であるとともに、観客に話を聞かせる名人でもあるのです。

プロの落語家やスティーブ・ジョブズとまではいかなくても、あなたは観客の心を引きつける努力をしないといけません。少なくとも、「校長先生の話」のような退屈な内容にしていてはプロとして失格ということです。

そのために有効なのが、〝ツカミ〟としてジョークを交えることでしょう。私がTEDに登壇したときにも、ツカミを利用しました。

先述したとおり、TEDの壇上で話す内容は事前にかっちり決めていました。タイトルは「Why your job does not get done in time」で、なぜあなたの仕事が時間どおりに終わらないのか、私の経験則から得た考察を述べたのです。

多くのビジネスパーソンが、締め切りギリギリにラストスパートをかけて作業に取り組みます。デッドラインが近づくにつれパニックに襲われてきますし、そういったラストスパート型の仕事が良くない、というメッセージです。

ここで私は、締め切りギリギリでパニックになる状態を説明する際に、「パニックモンスターが来てから」というフレーズをつけ加えました。

実はこれ、私の前に講演していた方が「パニックモンスター」というワードを使っていたので、アドリブでかぶせてみたのです。ちょうど文脈としてうまくハマったこともあり、会場を沸かせることができましたし、その瞬間、プレゼンの成功を確信しました。

このように、前の人が話した内容をサラッと入れると、大きな流れを生むことができます（トップバッターであれば、主催者に順番の入れ換えを直談判するくらい図々しくなりましょう）。観客は、つながりを感じ、しかもその場にいる人たちだけが共有していることも相まって、嬉しさを感じ、一体感を覚えるのです。

ツカミに使える、いわゆる鉄板ネタは持たないようにしています。というのも、使い回しのネタよりも、その時々で世間を賑わせているニュースや、私の前に行われたプレゼンなどを〝イジる〟ことの方が経験上、有効だからです。しかも、開始時間になったらいきなり「それでは中島さん、お話の方、お願いします！」と唐突に始まるケースはまれ。私が話す前に司会の方が場を温めてくれることが多いので、そのトークなどを拾うこともあります。

その都度、プレゼンの内容や観客に合わせてツカミを考えているので、けっこうギリギリで思いつくことが多いのです。

最近よく使っているのは、登壇後、自己紹介の前に会場の様子を正面からスマホで撮影するパターン。「あ、これはインスタ用なんです」と言うとウケますし、なにより聞いている人にリラックスしてもらうことができます。

私のキャラクターなのか、講演のテーマが理由なのかわかりませんが、わりと観客の方は構えがちです。なので、私が少し「おちゃらける」だけで、緊張をほぐしてあげることができるのです。

特に、私くらいの年齢の人から「インスタ」という言葉が出てくるだけでも「この人、外見のわりに意外とミーハーなんだな」と、笑顔になってもらえます。そういったギャップは意外と有効で、観客が抱いているイメージを、良い意味で崩せるのです。

そんなわけで、ちょっと堅いテーマのときや妙に権威のある会場などであれば、「インスタ用で」というスマホのツカミはけっこう有効だと思います。

ツカミといえば、冒頭で質問をしてみたことがあります。

講演のテーマが、「スマホ依存症」だったので、「誰かと食事をしているときにＬＩＮＥ

やメールが来ているかどうか確認したくなり、でも、目の前でチェックするのは相手に失礼だからと、催してもいないのにトイレに行ったことがある人、いますか?」と聞いたら、約6割の方々が手を挙げてくれましたし、会場の一体感も生まれました。

このツカミは単なるアイスブレイクにとどまらず、スマホ依存症という堅めのテーマゆえに多くいた「身がまえていた観客」に「なんか、この人は面白い話をしてくれるかも」と印象づけることができたのです。

また、私の話をすんなり理解してもらうことにもつながりました。というのも、まさか自分がスマホに依存しているとは思ってもみない人がほとんどなので、私の話を普通に聞いていても、なかなか自分ごととして捉えてくれません。前に触れた「インプットの質と当事者意識」の話ではないですが、自分ごとになりにくい話を聞かされても、なかなか頭に入ってこないものです。

しかし、トイレに行くふりをしてスマホをチェックする、という〝あるある〟のケースを用いることで、依存症のリスクは身近に潜んでいるんだよということを間接的に伝えることができました。

また、企業向けのセミナーなどでは、ツカミを少し応用して使うことがあります。この手の企業向けセミナーというのは、自ら希望して参加した人だけではありませんから、あえて冒頭にショッキングな内容を伝え、興味を引かせることがあります。

複合機メーカーの「リコー」で講演を行ったときのことです。複合機の需要は、ペーパーレスのこの時代、ほぼ間違いなく減少していくことが予想されます。もしかしたら10年後には誰からも必要とされていないかもしれません。

だからこそ、私はあえて「複合機などの将来性のない事業に多くの人を割り当てるのは間違いだ」と断言しました。ショック療法ではありますが、観客を引きつけるには有効だったと思います。

とはいえ、批判するからには「代案」を用意するのがマナー。非難して終わりではなく、きちんとポジティブな内容も伝えます。たとえば、「リコーの『THETA』という360度カメラは、大きなポテンシャルを秘めた製品です。ハイエンドなデジカメならまだしも、スマホに代替されている安価なデジカメにまでリコーは参入しているが、本来は、こういった特徴のあるカメラで勝負しないといけない」といったコメントがそうです。

また、具体的なビジネスのアドバイスも行いました。

「リコーのみならず、日本のメーカーは、素晴らしい性能のハードをたくさん作っている。しかし、ソフトの部分になるととたんに弱くなってしまう。だからこそ、リコーもハードと同じくらい、いや、それ以上に、サービスに力を入れるべきだ。たとえば、クラウド上にファイルを保存したり、簡単に共有できる、『ドロップボックス』などのサービスとは相性が良いのは火を見るより明らか。そうやって考えていくと、思い切ってドロップボックスを買収するのも一つの手ではないか。いずれにせよ、ビジネスにおいてドキュメント自体の存在価値はこれからも残り続ける。それを今まではリアルな紙でやってきたが、デジタル化され、さらにクラウド全盛になった今、どんなサービスに需要があるのか考えないといけない」といった内容でした。

私は部外者ですし、リコーとは仕事上のつき合いもありませんから、平気で好き勝手言うことができます。今では、言いにくいことでも当事者に面と向かって言えるキャラクターを確立しましたが、そんな立場を利用しつつ、ショック療法的なトークで観客をぐっと引き込むようにしています。

ツカミは、効果的に使えば、アウトプットの質をさらに高めることができます。唯一の正解はありません。場が和めば正解ですし、それはその場の状況に応じて、臨機応変にアウトプットする必要があるのです。

つまるところ、プレゼンとはジャズである

「講演中はどんなことに気をつけていますか?」とよく聞かれるので、ここで一通りまと

めてみたいと思います。

私は早口になりやすいので、話すスピードには気をつけています。マイクがあるので声の大きさに気をつけることはありませんが、ふだんの生活では、声が小さいと「声が小さいのは自信がないのかな」と、聞いている側の印象も悪くなってしまいます。

私の話にうなずいてくれる人を見つけたらしめたもの。その人を見ながら話すようにしています。その人自身も喜んでくれるし、わかりやすくリアクションしてくれるようになるので、こちらの気分も乗ってくるのです。会社内のプレゼンだと、キーパーソンがいるでしょう。彼らに積極的に伝えることも重要ですが、自分の気分を乗せていくためにも、リアクションの良い人を見たほうがいいでしょう。自分の気分が乗れば、結果として良いプレゼンになるからです。

とはいえ、ここまで言ってきたことは、いわば枝葉の部分。自信を持って話したり、相手を見て話したりするのも大切ですが、正しいプレゼンとはすでにお伝えしたとおり。聞いている人に自分のメッセージをきちんと伝えることなのです。ですから、講演中に意識することがあるとすれば、相手が理解しているかどうかの部分。そして、状況に応じて臨機応変にアドリブを入れたりしてあげることが重要。これを意識していれば、良いプレゼンに近づいていくのです。

私は、時間配分をきっちり決めることはしません。何度も言っているように、伝えたいことがきちんと決まってさえすれば、時間配分は楽にできるからです。観客が理解しているならば、思い切って話題を飛ばしてもいい。知っていることを何度も言われるのはストレスですし、テキストと違って読み飛ばすこともできません。だからこそ、せっかくスライドを用意していても、理解してもらえたとわかれば堂々と飛ばせばいいのです。

アドリブが思いのほか盛り上がり、気づいたらあと5分だったというときも珍しくありません。しかし、そんなときでも、慌てる必要は一切ありません。伝えたいメッセージははっきりしているのですから、スライドを飛ばすなり、メッセージを繰り返すなりすればいいのです。まじめな人ほど、事前に決めたものをきっちりかっちり伝えようとしますが、私がやっている方法のほうが、よほど観客のためになるのです。

私の即興性を大事にするプレゼンスタイルは、音楽でたとえるとジャズと言えます。反対にかっちり内容を決めて挑むのは、クラシック。ジョブズのようなプレゼンならまだしも、プレゼン初心者がやるべきはジャズ的なプレゼン。もはや「プレゼンとはジャズである」と言い切ってもいいくらいです。

プレゼンや講演のあとには、質疑応答の時間が設けられることが多いですが、私はこの時間を大切にしています。先に、青山学院大学で講演した際の質疑応答で、アマゾンダッシュボタンという最適解を得たお話をしたように、私にとって貴重なインプットになるからです。また、質問が来るということは、聞いている人がどんなことに興味を持っているのかということや、私の話の中でわかりづらかった部分を教えてくれるわけですから、自らの後学のためにも役立ちます。

こんな感じで、観客の質問は講演している側にもメリットが多いので、遠慮することなく積極的に質問をしてください。「こんな初歩的なことを聞いて、登壇者が気分を悪くしないだろうか」と不安になるかもしれませんが、そんなことはありません。また、何度も言うように、講演の内容を理解できなかったのはあなたではなく、登壇者の責任。堂々と聞けばいいのです。

私も取材などを通して、思い出したり、気づいたりすることが多くあります。質疑応答も似たようなもので、**質問されることで思いがけず開く「中身の詰まった引き出し」だってあるのです。**そうやってふだん使っているのとは違ったトークの引き出しが開けば、質問者にとっても講演している側にとっても、良いことずくめなのです。

講演とはジャズであり、観客であるあなたも、バンドの一員。観客としてのアドリブを積極的に入れていきましょう。

chapter 6

みんなが一番知りたい「続ける」技術

アウトプットが続く人、続かない人の違い

ここまで読んでみて「実際にアウトプットをしてみたくなった」という人は多いと思います（そう願っています）。しかし、いくら熱い意志を持っていても、時間が経つとアウトプットが続いている人、いつの間にか更新が止まっている人は、はっきり分かれていきます。

アウトプットが続かない理由として、さまざまな理由が考えられます。日々の業務や家の事情に追われ、アウトプットどころではないかもしれません。しかし、アウトプットが続かないのは、実はそもそも「テーマがあなたにとって魅力的ではないから」なのです。

これは、これからプログラミング言語を学ぼうとしている人にとっても同じです。

「最近流行っているし、プログラミング言語を学んでみよう」とか「なんか儲かりそうだし、学んでおくか」という発想では絶対に身につきません。そんな発想では、勉強していても集中力が続かないし、頭に入ってきません。

一方、「こんなアプリが作りたい！」といったはっきりとした目的がある人は飛躍的に成長します。目的に沿ったツールをマスターするために、必要に応じて「(ある意味) 仕方なく勉強する」と、結果として効率の良い学習ができる、というのが私の経験則です。

なので、プログラミングを学んでみたいという人に私がすすめているのが、まずは仕事をしながらプログラミングを勉強すること（それも、できるかぎり、自分自身の役に立ちそうなものを作ってみるのがベストです）。その過程で、「プログラミングが楽しいと感じられるか」「自分に向いていると思うか」「夢中になれるか」などが見えてきます。

ですから、新しいサービスを立ち上げるにしても、副業するにしても、このプロセスを経てから決めても遅くないと思います。

私はよく転職の相談を受けますが、もしプログラミングがあなたにとっての「天職」であるならば、プログラミングを勉強しているうちに、その事実は自ずと見えてくるはずです。「こんなに楽しいことをして給料をもらえるなら、やるしかない！」という情熱が自然に湧き上がってきて、（私になど相談しなくても）転職すべきだということが明らかになるはずです。

逆に、勉強してもそんな情熱が自然に湧き上がってこないのだとしたら、もう一度考え直した方が良い、ということです。

これは、そっくりそのまま「アウトプット」にもあてはまります。「なんか、これからのＡＩ時代に役立ちそうだから」「同期のアイツも、ブログをやっているみたいだし……」こんなきっかけのままでは、長続きしないでしょう。また、習慣化したり、毎日同じ時間にアウトプットをしようとするなど、形から入ってみても、残念ながらうまくいかないでしょう。

第1章で、「目的意識があれば、多少の乱文でも読者に伝わる」とお伝えしました。これは、継続においても当てはまります。「なぜ自分がアウトプットをするのか」という部分がはっきりしていなかったり、テーマがつまらなかったり、自分に合っていないと、十中八九続きません。

前置きが長くなりました。アウトプットを少しやってみて、そのテーマがつまらないのであれば、今後続く可能性はきわめて低い。なので、一度決めたテーマでも、途中で変えてしまったほうが自分のためになります。何度も言っているように、好きで好きで仕方ないし、誰に頼まれたわけでもないのに、ついつい書いてしまうようなテーマがベスト。そういったテーマを設定すべきですし、「好きだな」と思えるテーマに出合えるまで、気になったものに片っぱしから首を突っ込んでみるべきなのです。

トップアスリートたちには、コーチという存在がいます。彼らは、選手の技術的なサポートだけをしているわけではありません。選手を鼓舞したり、大会期間中に高いモチベーションがキープできるように指導法を工夫したり、挫けそうになったときには自信を持たせたり……。テクニックやフィジカルのみならず、メンタル面での手厚いサポートも行っているわけです。

当然、各選手によって個性はバラバラですが、各選手の個性をきちんと把握して、「(選手は)どうすれば、モチベーションが上がるのか」「どんなサポートをすれば120%の力を発揮できるのか」といったことを常に考え、指導しています。

当然、これからアウトプットしてみようというあなたにコーチはいません。プレイヤーであると同時に、コーチも務めないといけません。誰もやってくれないので、自分を鼓舞したり、やる気を出させてあげる必要があります。

自分で自分のプロデューサーになる

ここで、私がブログを通じて「プロデュース能力」を得たという話を思い出してみてください。

ＮＨＫの「プロフェッショナル 仕事の流儀」のプロデューサーは、コンテンツの作り方が非常に上手だとお伝えしました。それは、異常なほどのこだわりを持つ職人やクリエイター、トップアスリートたちを見つけ出し、そのこだわりのポイントを、映像とナレーションで巧みに視聴者に伝えているからです。

あなたがこれからアウトプットしていく中では、同時に「プロフェッショナル」のプロデューサーのような役割も務めないといけません。主人公はあなた。次に必要なのは、「（自分に）何を語らせたら面白いのか」を見抜くことです。

そして、番組のプロデューサーや現場のディレクターたちは、良い映像を撮ったり、名言を引き出すように日々奮闘しています。「どこをつついたらこの人は熱くなるのか」、そのポイントの見つけ方、そしてつつき方が絶妙なのです。

先述した、妻の父親のイースト菌へのこだわり。あれも同じで、彼との会話中に私は熱くなるポイントを押していたのですが、同じようなことをアウトプットしていく自分自身に対して、やってあげる必要があるでしょう。

続かない人に多く見られる理由として「テーマに魅力がない」とお伝えしました。逆に言えば、「自分が面白いと思うテーマを見つける」「自分にこれを語らせたら熱くなることを引き出す」リサーチャーとしての能力も求められているのです。自分自身のことだから、わかっているつもりでも、これが意外と難しい。それでも、各自で探し続けるしかありません。

アウトプットしてみたものの、3日坊主になってしまったとしましょう。当初のやる気は十分だったのに、次第に続かなくなることはよくあります。しかし、落胆する必要はありません。

それは、プレイヤーとしてのあなたが悪いわけではないからです。書けない、アウトプットが続かない自分が悪いのではなく、テーマ選びが間違っていただけ。つまり、リサーチャーとしての能力が足りなかったのです。好きなものでないと、続きません。さっさとそのテーマに別れを告げ、別のテーマに行きましょう。

私が、このプロデュース能力に気づくまでにはけっこう時間がかかりました。どんな記事なら多くの読者に読まれるのか、「中島聡という人間に何を語らせたら熱くなるのか」ということが、わかり始めたのはブログを始めて3～4年経った頃です。

これは、継続をしていれば自然と鍛えられていくもの。一夜にして得るものではないし、本を読んだからといってすぐにつかめるものではありません。「継続は力なり」とはよく言ったもので、続けてやっていくうちに、なんとなく見えてくるものです。

ファンとの交流が継続の最高のモチベーション

インターネットの特徴の一つに双方向性があります。従来のマスメディアのように、一方的に発信するのではなく、受け手側からも発信が可能になりました。読者やユーザーとのコミュニケーションも行いやすくなっています。

アウトプットしている人間にとって、読者からの反応というのは非常に嬉しいものです。ツイッターでもいいね！やリツイートをされたら嬉しいと感じる人が多いでしょうし、リアクションは気になるもの。その証拠に、ツイッターの通知が来たからとワクワクしながら確認してみたら、スパムっぽいアカウントからのリアクションで、ガッカリしてしまうこともあるはずです。

読者やユーザーからのリアクションというものは、モチベーションを上げてくれる最高の方法の一つです。

私の場合、ブログをもともと家族通信として始めたこともあり、その日に食べた料理などを載せていました。始めたばかりの頃に投稿した記事に「男の料理 鳥と野菜のシチュー」があります。これは、私流のシチューの作り方を載せたもので、写真やレシピと一緒に、「上の写真は、たった今、作っているシチュー（というかスープと、どこが違うんだろう？　とろみのあるのがシチューかな、それとも具がたくさん入っているのがシチューかな？）である」と、ふとした疑問も書いていました（http://satoshi.blogs.com/life/2004/01/post_5.html)。

するると、ある主婦の方がコメントをくれました。たまたま通りがかった人がコメントを残してくれたわけですが、とても嬉しかったのを覚えています。

ページビューの増加もモチベーションを上げてくれます。私のブログでいえば「日本語とオブジェクト指向」という記事がバズって、爆発的なページビューを獲得しましたが、ブログを続けることへの意欲が一段と高くなったのは、言うまでもありません。

私はブログやメルマガ内で日本企業の問題点について触れることが多くあります。外から見えてきた問題点を鋭く指摘しているのですが、そうやってアウトプットを続けていると、「中島さんのブログを読んで就職先を変えました」とか「この記事の内容を使って上司を説得してみます」といったコメントをよくもらいます。ある意味、人の人生を左右するほどの影響力を持つことができたわけですから、モチベーションが上がらないわけがありません。

この話を「中島さんだからできたんだ」と諦めてしまえば、そこで「試合終了」です。

たとえば、テニスについてアウトプットしているなら、あなたがすすめたラケットを読者が買ってくれることはありうるでしょう。あなた流のスマッシュのコツを読者が実際に試してくれるかもしれません。あなたのブログをきっかけにしてテニス好きが集い、リアルで練習や試合をすることだって十分ありえるのです。

「いいね！」は人のためならず

そうはいっても、アウトプットを始めた頃というのは、思うようなリアクションはもらえないでしょう。だからこそ、あなたも積極的にリアクションしてあげてください。「いいね！」は人のためならず、です。

反応がないと、「もう、いいか」と思ってしまいがちです。私の場合は、ブログを始めた理由が、家族通信だったということが功を奏しました。「妻さえ読んでくれればいい」と思っていたので、リアクションに対する期待値が下がっていました。最初の頃はページビューも特に気にしていなかったので、思わぬコメントが来たときには予想外で、さらに継続へのモチベーションが上がったことを覚えています。

「リアクションへの期待値をできるだけ下げておく」というのは、アウトプット初心者にとって有効と言えます。私が家族とのコミュニケーション手段にしたように、友達と交換ブログくらいのつもりにしておく。読者が1人でもいれば御の字だと思っておけば、ページビューが少なくても気になりません。しかも、期待値が下がっている分、思わぬ読者が来たときには良い意味でギャップが生まれ、モチベーションが上がるのです。

今の時代、読者とのリアルでの交流も行われています。いわゆる「オフ会」で、オンライン上ではなくオフライン、つまり現実世界で実際に会って交流するイベントです。

私も、オフ会には何度か参加したことがあります。もっとも印象に残っているのは、画像共有アプリ「PhotoShare」を運営していた頃のアメリカでのオフ会です。iPhoneが発売された頃に100万ダウンロードを突破するほど人気を集めていたので、かなりのユーザーを抱えていました。SNSという特性も手伝って、ユーザー同士の交流も活発になり、ユーザー同士でよくオフ会が開催されていたのです。

あるとき、開発者である私のもとにオフ会の招待が来ました。これがなかなか楽しくて、開発者である私を、参加者たちはまるで「神」が降臨したかのようなリアクションで出迎えてくれたのです（笑）。

また、アプリのオフ会をきっかけに交際がスタートし、めでたく結婚までした人たちが、なんと2組もいたそうです(!)。私が作ったアプリによって人生が変わった人たちがいる、そしてそんな人たちとリアルに触れることができたのは、とても刺激的な体験でした。

これはアプリの話ですが、ブログでも十分ありえるでしょう。

私のブログ読者の方がオフ会を主催してくれて、そこに私が招待されたことがありました。私の文章や私自身に興味を持ってくれている方々ですし、共通の話題もたくさんあって非常に有意義な時間を過ごせました。いずれも、私のアウトプットのモチベーションを急激に上げてくれた出来事です。

読者やユーザーからのリアクションはさまざまありますが、いずれもモチベーションがアップし、継続にもつながります。いい意味で、読者を「活用」してみましょう。

炎上との正しいつき合い方

インターネット上での発言に対し、批判が殺到して収拾がつかなくなる「炎上」。アウトプットは、少なからず炎上のリスクをはらんでいます（よほどその世界であなたの名前が知られていたり、話題性の高いトピックでないかぎり、あまり心配しなくて大丈夫です）。

多くの場合、失言や不祥事の発覚によって最初の火種が生まれます。しかし、中には正しいと思って発言したことで、思わぬ炎上の原因になることもあります。

実は私自身、「炎上」を起こした経験は何度もあります。最初に炎上したのは2007年、「鳥取砂丘に名古屋大学の学生がいたずら書きをした」というニュースへのコメントがきっかけでした。

学生たちが、砂丘に、サークル名の一部「HUCK」という文字を書き、問題になっていました。「天然記念物になんてことをするんだ」と批判が殺到していたのですが、私は「この程度のいたずらで騒ぐ方がおかしい」と思ったのです。

この記事を見て、私は小学生時代の出来事を思い出しました。雪が積もった日の朝のこと。住んでいたマンションの向かいにあった学校の校庭に、大きくいたずら書きをしたのです。マンションの住民全員に見えるように、校庭いっぱいにバカボンのパパを描きました。

学生たちが行ったいたずらも、私のいたずらも五十歩百歩。砂丘に致命的なダメージを与えたわけでもなく、風が吹けば消えてしまう話。しかも、まだ若い学生がやってしまったことであり、目くじらをたてずに大目に見るべきレベルです。まあ、仮に何らかの罰を与えるとしても「サークルのメンバー全員で砂丘のゴミ拾い」程度が適切でしょう。少なくとも、大人たちが寄ってたかって批判するほどのことではありません。

と、そんなことを書いたところ、これが大炎上。

世の中にはやってはいけないことがあるのは事実。しかし、このいたずらは小さなもの。以前、朝日新聞のカメラマンが、珊瑚に「K・Y」と落書きしたのとは次元が違います。いたずらが法律違反かどうかという以前に、この程度のいたずらに対して、もっと世の中が寛容であるべきだと私は思うし、そんな意見を表明した私を攻撃する方がよっぽど住みにくい世の中を作り出していると思ったのです。

コメント欄には、さまざまな意見が飛びかいました。中でも目立ったのが、見慣れないユーザーからの猛烈な批判コメントです。批判されるのは気分の悪いものですが、一方で、こうやって通りすがりで他人のことを批判する人のほとんどは、日常生活のうっぷんを晴らすためにやっているのだ、と確信するに至りました。

つまり、日常生活は不満ばかり。正論や自分なりの正義を振りかざし、他人を批判することによってでしか心のスキマを埋められない、寂しい人たちなのです。

というわけで、批判は殺到しましたが、私は撤回も謝罪もしませんでした。自分が正しいと考えて発言したことには責任を持つべきですが、だからこそ、他人にあれこれ言われたからといって、撤回したり、発言を辞めてしまう必要はまったくないのです。

炎上といえば、東日本大震災の直後、日本の原発政策を猛烈に批判したブログ記事にも批判が殺到しました。私は、原発事故が起こるまでは政府や電力会社のやっていることは合理的に違いないと信じ切っていましたし、原発反対派の人たちの声に耳を傾けていませんでした。原発政策の不合理性にまったく気づいていなかったのです。そんな反省もあり、事故後には猛烈に勉強したうえで、批判する内容をブログに書き綴っていました。当然、実名で責任を持って発言していたのです。

ところが、脱原発の話となると、とたんに「脱原発派には具体的なプランがない」「再生可能エネルギーは高すぎて、補助金なしでは成り立たない」「狭い日本では、再生可能エネルギーは無理」「再生可能エネルギーでやっていけるという詳細な試算があるのか」「CO_2が増えてもいいのか」「大停電が起きる」「日本経済が失速する」などのヒステリックな反応ばかり返ってきます。

寄せられたコメントを読んでみると、ネガティブなものに限って論理的ではありませんでした。しかも、私の意見にではなく、私自身を攻撃しに来ているものばかり。批判コメントの中には、読む価値のあるものもありましたが、その割合は1%程度。コメントから何かを得ようとしても、逆に失うものの方が多いありさまでした。

「面の皮」は厚いに越したことはない

ここ最近、毎週のように「炎上」が発生し、ネットを騒がせていますが、日本は文化的にも、炎上しやすい国だと言えるでしょう。それは、発言した人の意見そのものではなく、「発言者自体が気にくわない」という理由で個人攻撃が始まりやすいからです（討論のルールを学んでいないのが大きな原因です）。

そんな人たちは総じて、建設的な議論をしたり、アウトプットした人のためを思って発言したりしているのではなく、不愉快にさせるためにやって来ます。

だからこそ、毅然としていればいいのです。炎上したならば、その後の行動が重要です。精神的にかなりやられてしまうでしょうし、発言を撤回したり、削除したくもなるでしょう。しかし、失言や不祥事が原因ならまだしも、自分が正しいと思い、責任を持って発言した内容であれば、堂々としていればいいのです。

批判コメントが送られてくると、頭に血がのぼって反論したくなるかもしれません。しかし、話は平行線を辿るのが関の山。たとえ論破しても、論点を変えて個人攻撃が続くでしょう。批判コメントを読んで、へこんでしまうかもしれません。ですが、思い出してください、相手の目的はあなたの気分を害すること。あなたがへこんでしまっては、相手の思うつぼです。やはり、無視すること、気にしないことにかぎります。

この世の中に、100人中100人に好かれる人などいないのです。好感度ナンバーワンのタレントにも必ずアンチは存在し、全員に好かれようと思うのは土台無理な話です。

みんなから好かれようと思うと、どうしても小さくまとまったアウトプットになりますが、そんな内容では誰の心にも刺さりません。誰からも嫌われないように配慮したアウトプットは、誰からも好かれないのです。それどころか、せっかく興味を持ってくれている人たちが離れていってしまうでしょう。飲食店でいえば、日頃からひいきにしてくれている常連客と、ふらっとやってきたクレーマー、どちらを向いて商売をするのかという話です。

通りすがりのくせにネガティブなコメントを残していくような人間は、また新たなターゲットを見つけたら、すぐさま飛んでいくことでしょう。昔から「人の噂も七十五日」と言いますが、情報量がケタ違いの今はその十分の一、1週間もすれば熱は冷めますし、1か月もすれば何事もなかったかのような平穏な日常に戻るものです。

やはり、いわれのない批判は無視するにかぎる、ということです。一方、炎上が良い方向に進んだこともありました。プログラミングに関して少し過激な意見をブログに書いたことがきっかけです。とあるメジャーなプログラミング手法が、実は間違っているんじゃないかという指摘をした際には、ちょっとした物議を醸しました。けれど、それは結果的にわりとポジティブな方向に進み、私の発信をきっかけにして、プログラマーたちを中心にした建設的な議論が始まったのです。

「炎上商法」という言葉があるように、あえて炎上を狙うことでアクセスや注目を集められるのも事実です(基本的におすすめはしませんが)。だから、精神的に強い人が炎上を狙うことを止めはしません。

ただし、取扱いにはくれぐれも注意してください。批判コメントへの耐性が平均以上はあると思っていた私ですら、個人攻撃には気分を害してしまいました。炎上を狙うにしても、自分の適性をきちんと把握してから行いましょう。

とまあ、好きなことをアウトプットしているかぎり、まず炎上は起きないと思いますが、もしネガティブなコメントが来ることに耐えられないという人ならば、ブログのようなオープンな環境ではなく、フェイスブックのグループ機能など、ある程度クローズドな空間でアウトプットしてみるのは悪くないでしょう。

いずれにせよ、アウトプットしていく中では、どうでもいいコメントを無視する「面の皮の厚さ」も必要だと思います。「批判が怖いから」というのは、アウトプットをしない言い訳にはならないのです。

あとがき

最後まで本書をお読みいただき、ありがとうございます。

90年代のパソコン、インターネットの登場、そして2000年代のスマートフォンの登場により、世の中の仕組みも、私たちのライフスタイルも大きく変化しました。

その時期と、バブルの崩壊後日本が、「失われた10年」とか「失われた20年」と言われる低成長の時期に突入した時期が一致しているのは、決して偶然ではありません。

高度成長期に作られた仕組みや社会常識が今や世界では通じなくなっているにも関わらず、それを理解せずに昔ながらの会社経営をしている経営者ばかりのために、日本企業は国際競争力を失ってしまったのです。


この変化のスピードはＡＩ、つまり人工知能や、ＶＲと呼ばれる仮想現実の進化により、さらに加速します。そんな世の中では、勉強し続けない人たちは、あっという間に時代遅れな人間になってしまいます。

そのためには、学校を卒業した後も、生涯を通して新しいものを吸収し、勉強し続ける姿勢が必要なのです。

とはいえ、はっきりした目的や目標のない勉強を継続して行うことは、簡単ではありません。

これに対する一番良い答えは、「何か自分が夢中になれるものを一つでも良いから見つけ、それに関して、ブログやYouTubeを使って、ひたすら発信し続けること」につきます。それでこそ勉強し続けることができるし、他人からも評価される人間になることができるのです。

しかしながら、多くの人が、この手の本を読んでいる時には「良いことが書いてあるな、参考にしよう」と思いながら、本を閉じたとたんに日々の仕事や勉強に忙殺されてしまい、行動に移すことができていません。

この本を読んだ時間を有意義なものにするかどうかは、あなたの行動にかかっています。どんなささいなことでも良いので、自分がこだわっているもの、夢中になっているものについて、少しずつで良いので発信し始めてみてほしいと思います。

いろいろと書いてきましたが、何よりも大切なことは「自分が夢中になれるもの」「情熱を捧げる価値のあるもの」を見つけることです。それさえ見つかれば、苦労が苦労でなくなるし、説得力を持つアウトプットができるようになります。

2018年8月、私は「シンギュラリティ・ソサエティ」という名前のNPOを立ち上げました（https://www.singularitysociety.org）。

人工知能がさらに進化する時代の社会と人のあり方や、そこから生まれるビジネスチャンスについて話し合い、生まれたアイデアを形にしていくコミュニティです。

すでにビジョンに共感してくれる多くのメンバーが集い、未来を楽しみながら変えていこうとする熱気で満ちています。

私自身、この活動こそ「情熱を捧げる価値のあるもの」だと感じているし、そのような場を作ることができたのも、長年アウトプットを続けてきたからだと確信しています。「シンギュラリティ・ソサエティ」の活動内容については随時サイトやブログ、メルマガでアウトプットしていきますので、興味のある方はぜひご覧になってみてください。

本書によってあなたが一日、いや一秒でも早く自分が夢中になれることを見つけ、世の中にその熱狂を発信することで見知らぬ有志と出会い、さらに熱狂し、やがて世界を変えていくことを、私は本気で信じています。

繰り返しますが、人生は一度しかありません。
私たちと一緒に、思いきり人生を満喫しましょう!
あなたのアウトプットとどこかで出合える日を、楽しみにしています。

中島聡

中島聡（なかじま・さとし）

「永遠のパソコン少年」

ソフトウェアエンジニア

1960年北海道生まれ。早稲田大学高等学院、早稲田大学大学院理工学研究科修了。高校時代からパソコン系雑誌『週刊アスキー』において記事執筆やソフトウェアの開発に携わり、大学時代には世界初のパソコン用CADソフト「CANDY」を開発。学生ながらにして1億円を超えるロイヤリティーを稼ぐ。1985年に大学院を修了しNTTの研究所に入所、1986年にマイクロソフト株式会社の日本法人に転職。1989年には米国本社に移り、Windows95、Internet Explorer3.0/4.0、Windows98のソフトウェア・アーキテクト（ソフトウェアの基本設計・設計思想を生み出すプログラマー）を務め、ビル・ゲイツの薫陶を受ける。2000年に米マイクロソフトを退社し、ソフトウェア会社のUIEvolution（現・Xevo）を設立してCEOに就任、現在に至る。

2004年から続く人気ブログ「Life is beautiful」およびメルマガ「週刊Life is beautiful」ではAIやVR、ARに関する最新情報をエンジニア目線でやさしく読み解き、多くの読者を啓蒙し続けている。

2018年8月、NPO法人「Singularity Society」を設立。「AI時代に人間が幸せに生きる方法」を模索すべく、サイトでの情報発信やオンラインサロンでのメンバー間の交流、リアルイベントなどで日々コンテンツを発信し続けている。著書に、10万部を超えるベストセラーになった『なぜ、あなたの仕事は終わらないのか』（文響社）などがある。

ブログ「Life is beautiful」 http://satoshi.blogs.com
NPO法人 シンギュラリティ・ソサエティ https://www.singularitysociety.org

結局、人生はアウトプットで決まる
自分の価値を最大化する武器としての勉強術

2018年 9月30日 初版第1刷発行
2018年10月11日 初版第2刷発行

著者 中島聡
発行者 小山隆之

発行所 株式会社実務教育出版
163-8671 東京都新宿区新宿1-1-12
http://www.jitsumu.co.jp
電話 03-3355-1812（編集）03-3355-1951（販売）
振替 00160-0-78270

編集 小谷俊介（実務教育出版）
構成 加藤純平（ミドルマン）
ブックデザイン 藤塚尚子（e to kumi）
校正・校閲 株式会社鷗来堂
印刷 文化カラー印刷
製本 東京美術紙工

ISBN978-4-7889-1956-3 C0034